国家职业技能等级认定培训教材

劳务派遣管理员

（基础知识）

编写委员会

主　任　孙宗虎　郑　爽　王　军
副主任　王瑞永　孙兆刚　李作学　张　磊
委　员　程淑丽　张丽萍　李　伟　高玉卓
　　　　吴亚峰

中国人力资源和社会保障出版集团

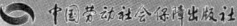 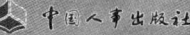

图书在版编目（CIP）数据

劳务派遣管理员：基础知识 / 人力资源社会保障部教材办公室组织编写. -- 北京：中国劳动社会保障出版社：中国人事出版社，2021
国家职业技能等级认定培训教材
ISBN 978-7-5167-4937-1

Ⅰ.①劳… Ⅱ.①人… Ⅲ.①劳务合作-劳动法-中国-职业技能-鉴定-教材 Ⅳ.①D922.5

中国版本图书馆 CIP 数据核字（2021）第 168946 号

中国劳动社会保障出版社
中国人事出版社 出版发行
（北京市惠新东街 1 号　邮政编码：100029）

*

三河市华骏印务包装有限公司印刷装订　新华书店经销

787 毫米 × 1092 毫米　16 开本　9.75 印张　175 千字
2021 年 9 月第 1 版　2021 年 9 月第 1 次印刷
定价：26.00 元

读者服务部电话：（010）64929211/84209101/64921644
营销中心电话：（010）64962347
出版社网址：http://www.class.com.cn

版权专有　　侵权必究

如有印装差错，请与本社联系调换：（010）81211666
我社将与版权执法机关配合，大力打击盗印、销售和使用盗版图书活动，敬请广大读者协助举报，经查实将给予举报者奖励。
举报电话：（010）64954652

前 言

为加快建立劳动者终身职业技能培训制度，大力实施职业技能提升行动，全面推行职业技能等级制度，推进技能人才评价制度改革，促进国家基本职业培训包制度与职业技能等级认定制度的有效衔接，进一步规范培训管理，提高培训质量，人力资源社会保障部教材办公室组织有关专家在《企业人力资源管理师（劳务派遣管理员）国家职业技能标准（2020年版）》（以下简称《标准》）制定工作基础上，编写了劳务派遣管理员国家职业技能等级认定培训教材（以下简称等级教材）。

劳务派遣管理员等级教材紧贴《标准》要求编写，内容上突出职业能力优先的编写原则，结构上按照职业功能模块分级别编写。该等级教材共包括《劳务派遣管理员（基础知识）》《劳务派遣管理员（四级　三级　二级）》2本。《劳务派遣管理员（基础知识）》是各级别劳务派遣管理员均需掌握的基础知识，其他各级别教材内容分别包括各级别劳务派遣管理员应掌握的理论知识和操作技能。

本书是劳务派遣管理员等级教材中的一本，是职业技能等级认定推荐教材，也是职业技能等级认定题库开发的重要依据，适用于职业技能等级认定培训和中短期职业技能培训。

本书在编写过程中，孙宗虎负责全书统筹定稿，李作学博士对第二章内容、郑爽女士对第一章和第四章内容、孙兆刚秘书长对第五章内容、张磊经济师对第三章内容进行了审定，王军主任、王瑞永院长、郑爽女士对大纲及全书内容进行了审定并给出修改建议，在此一并表示衷心感谢。

人力资源社会保障部教材办公室

目　录

第一章　职业道德 ·· 1
　第一节　职业道德基本知识 ··· 1
　第二节　劳务派遣管理员的职业守则 ··· 4

第二章　人力资源管理知识 ·· 6
　第一节　人力资源基本理论 ··· 6
　第二节　劳动力市场基本概念 ·· 44
　第三节　人力资源服务的分类和主要内容 ··· 48

第三章　市场营销知识 ·· 74
　第一节　市场营销基本概念 ··· 74
　第二节　市场分析与判断 ·· 77
　第三节　顾客分析 ·· 90

第四章　财税管理知识 ·· 95
　第一节　财务管理基础知识 ··· 95
　第二节　税种分类知识 ··· 108

第五章　法律法规知识 ·· 119
　第一节　《中华人民共和国民法典》相关知识 ·· 119
　第二节　《中华人民共和国劳动法》相关知识 ·· 121
　第三节　《中华人民共和国劳动合同法》相关知识 ···································· 129

第四节 《中华人民共和国社会保险法》相关知识……………………135
第五节 《中华人民共和国就业促进法》相关知识……………………137
第六节 《中华人民共和国劳动争议调解仲裁法》相关知识…………138
第七节 《劳务派遣暂行规定》相关知识………………………………141
第八节 《人力资源市场暂行条例》相关知识…………………………146
第九节 《女职工劳动保护特别规定》相关知识………………………147

第一章 职业道德

第一节 职业道德基本知识

一、职业道德的内涵

职业道德的概念有广义和狭义之分。广义的职业道德是指从业人员在职业活动中应遵循的行为准则,狭义的职业道德是指在特定的职业活动中应遵循的、能体现该职业特征的、能调整职业关系的职业行为准则和规范。总体来说,职业道德调节着从业人员之间、从业人员与服务对象之间、从业人员与职业之间的关系,是社会道德在职业领域的具体体现。

二、职业道德的内容

良好的职业道德是每一个劳务派遣管理员必备的素质,其内容主要分为以下5个方面。

1. 诚信

诚信,即诚实守信,是社会对每个人的基本要求。诚实,即不说谎、不作假、不欺骗;守信,即信守承诺,履行自己应承担的职责和义务。诚信是中华民族传统美德中的重要内容,是对每个公民的要求,更是对劳务派遣管理员的要求。

(1) 真诚坦率、热情豁达。真诚坦率、热情豁达具体表现为:在与人交往时能够真诚以待，既不阿谀奉承，又不疏远淡漠；在与人相处时能够襟怀坦荡，既不唐突冒昧地胡言乱语，又能够真诚坦率地表达自己的观点与情感；在与人发生冲突与矛盾时，能够宽容大度，既不放弃原则，又不斤斤计较。

（2）光明正大、表里如一。人们常说"明枪易躲，暗箭难防"，大家对表里不一的人有着很强的戒备心理。每个职场人都应该做到光明正大、表里如一，这样才能在职场上得到他人肯定。

（3）信守承诺、忠实可靠。每个职场人都应该对自己的承诺负责，把承诺视为责任，即使有再大的困难，也不轻易放弃自己的诺言。职场人若能做到信守承诺、忠实可靠，那么一定会获得他人的信任。

2. 忠诚

忠诚的本质是捍卫，是为了正确的价值取向，无条件地付出自己的一切。在个人职业生涯中，忠诚体现为忠诚于企业、忠诚于岗位、忠诚于客户、忠诚于自己。

（1）忠诚价值百万。在工作中，忠诚是指忠于企业、忠于岗位。具体表现在员工是否能长时间地为企业服务并创造价值，是否能维护企业的利益，不泄露企业信息。忠诚像一只无形的手，左右着企业的业绩。企业需要忠诚的员工，因为员工的忠诚价值百万。忠诚是众多企业选人的第一标准。

（2）忠诚是能力的统帅。员工如果想在工作中有所作为，得到上司或领导的信任，忠诚是唯一的"捷径"。能力是成功的基础但不是决定性因素，即使才能超凡，但是如果没有忠诚的维系，做起事情来也不会投入所有的精力，不会尽心、尽职、尽责，更不能忠于自己的企业并维护企业的利益，甚至还会背叛企业，损害企业的利益。越是有能力的员工，他们在背叛企业时给企业带来的损失就越大，所以企业最需要的是能忠于企业的员工。

（3）忠诚靠坚持铸就。忠诚是一种归属感，是靠坚持铸就的。员工不仅要意识到自己属于这个企业，还要意识到要想成就一番事业必须坚持。企业的员工不管多么优秀，如果想获得更大发展空间，就要投入足够的时间和精力，把身心彻底地融入工作中，锲而不舍。一个人失去了坚持和忠诚，就意味着他失去了成功的机会。所以，守住了忠诚就守住了成功。

3. 敬业

敬业是一个人对自己所从事的工作及学习负责的态度。如果一个人以一种尊敬、虔诚的心态对待自己的职业，甚至对职业有一种敬畏的态度，那么他就具有了敬业精神。

一个敬业的人在重复的工作中能够体会到丰富，在平凡的工作中能够感受到伟大。工作本身是客观的，它无所谓优劣。员工在一个工作岗位上能否做出成就不在于工作本身，而在于他自己对待工作的态度。一个时刻对自己所从事的工作持有敬重态度并感到自豪的人，才能让自己的工作趋于完美，才能在工作中实现自身的价值。对工作缺乏敬重之心的员工，一旦从事"不起眼"的、平凡的工作，必然会藐视这份工作，更不懂得珍惜工作、踏实工作，到头来只能是碌碌无为。

在能力相同的前提下，具备敬业精神的员工无疑比不具备的员工拥有更大的发展空间。对工作持有敬重态度的员工，无论将他们放到什么样的岗位上，他们都会一如既往地积极进取，也只有这样的员工才能够被委以重任。敬业是价值的核心，一名员工无论在什么样的岗位上，都不能轻视、怠慢自己的工作。如果一名员工能在平凡的岗位上始终如一，坚持把工作做好，那么天长日久，他就会突破平凡，走向优秀。

敬业是员工价值的核心，敬业精神能够从内在源头上支撑起职业精神的大厦，让员工具有最佳的精神状态，促使员工将聪明才智淋漓尽致地发挥出来。具有敬业精神的员工更容易走向成功，在他们看来，努力工作应是一以贯之的，对工作的热爱与勤奋之心没有终点，要贯穿整个生命过程。

员工敬业不仅有利于企业和社会，最大的受益者更是员工自己。员工只有树立起敬业精神，提高自身综合素质，全力以赴对待每一项工作，把具体工作作为实现自身价值的载体，其个人价值才会得到企业的认可，其本人也才能从工作中获得成就感和价值认同感。

4. 责任

责任，指个体分内应承担的工作，工作的内容来自对他人的承诺、职业要求、道德规范和法律法规等。本书中讨论的责任，是员工对企业的承诺，是岗位对员工的具体要求。

（1）工作就意味着责任。一个缺乏责任心的员工是没有价值的员工，一个缺乏责任心的企业注定失败。责任对每个人来说都是一种与生俱来的使命，它贯穿着生命的始终。

（2）责任比能力更重要。在现实生活以及工作中，责任相较于能力往往被忽视，人们总是片面地强调能力。然而在这个世界上从来不缺乏有能力的人，而具有强烈责任感的人才是每一个企业都渴求的理想人才。当然，强调责任比能力更重要并不是对能力的否定。一个只有责任感而无能力的人亦是无用之人，因为责任需要用业绩来证明，而业绩是靠能力来创造的。

（3）责任保证工作绩效。现在，很多企业都在寻找各种方式和方法来提高员工工作的绩效。不过他们发现，无论是优秀的管理模式还是先进的管理经验，一应用到自己的企业就"不灵"了，工作绩效并没有明显的提高。这是为什么呢？答案在于员工，或者说，答案在于员工的责任心。员工的责任心与绩效之间是成正比的关系，当一方增强时，另一方也随之提高；反之，当一方减弱时，另一方也会随之下降。所以，要提高工作绩效，首先要增强员工的责任心。

5. 规矩

规矩，是为了实现标准化作业而产生的。随着时代的不断发展，生产的社会化程度不断提高，企业对规矩的需求也越来越高，这是因为规矩是提高效率的方式。此处所说的规矩，指的是一定的标准、规范，对应到企业，指的就是制度，是工作规约、工作程序。

立明规矩、明确制度，能让每个员工明白哪些事能做、哪些事不能做，使其自觉按原则、按规矩办事。企业制度是企业赖以生存的体制基础，是企业及其构成机构的行为准则，是企业员工的行为准则，是对企业功能的规定，是企业的活力之源，是企业有序化运行的体制框架，是企业经营活动的体制保证。企业制度主要包括以下内容：企业的契约制度，企业产权制度，企业的治理结构，企业组织机构，企业的管理制度等。员工在企业学的第一件事，就应当是企业制度，事实上也确实如此。许多企业入职培训的主要内容不是业务，而是企业介绍、企业文化以及企业制度，就是为了让员工依规矩做事。

第二节　劳务派遣管理员的职业守则

劳务派遣管理员的职业守则包括爱岗敬业、严于律己，遵纪守法、恪守信用，团队协作、勇于担当和开拓创新、服务至上4个方面，这4个方面既相互独立又相辅相成。一名劳务派遣管理员只有充分理解并积极履行这4个方面的职业守则，才能做好劳务派遣管理工作，对企业和社会做出应有的贡献。

一、爱岗敬业、严于律己

爱岗敬业要求劳务派遣管理员树立职业理想，强化职业责任，提高职业技能；严于律己要求劳务派遣管理员在名利方面能够经受住考验，自觉加强道德修养，认真负责，杜绝不正当交易，防止签订不合理的或违反法律、违背道德的协议。

劳务派遣管理员要认真对待自己的岗位，履行自己的岗位职责，热爱劳务派遣管理工作，全心全意做好劳务派遣管理的相关服务工作。劳务派遣管理员主要从事劳务派遣业务项目开发、运营管理、风险管控和派遣员工服务等工作，在服务和管理过程中，要严格保证自己的工作质量。

二、遵纪守法、恪守信用

劳务派遣管理员要遵守职业纪律和相关法律、法规。遵纪守法是劳务派遣管理员的基本行为准则，是劳务派遣管理员职业活动能够正常开展的基础。遵纪守法要求劳务派遣管理员在职业活动中自觉遵守国家法律法规，有较强的法治观念，坚持原则，不利用职务之便牟取私利，以国家和企业利益为先，做好本职工作。劳务派遣管理员必须恪守信誉至上、诚实守信的准则，树立诚信服务意识，尊重服务对象，建立良好的服务关系。

三、团队协作、勇于担当

劳务派遣管理是一个将人力资源管理、市场营销和财税管理等知识与实践相结合的过程。在实际工作中，劳务派遣管理员应认识到与企业服务对象等通力协作的重要性，这是因为劳务派遣管理员要想在企业中顺利开展工作就需要其他人员的密切配合，只有各方面相互沟通，进行团队协作，才能使整体工作的推进更高效。勇于担当要求劳务派遣管理员在工作中有高度的责任意识，面对工作上的失误，能主动承认错误，积极寻找解决的办法；遇到困难时，不得过且过、敷衍了事，能主动承担责任，勇挑重任，不畏艰难，积极做好劳务派遣工作。

四、开拓创新、服务至上

现代社会科学技术发展迅速，知识更新速度加快，劳务派遣管理工作头绪繁多、涉及面广，因此，劳务派遣管理员应具有刻苦学习、勇于探索的精神，并不断增强自己接受新生事物的能力；要讲究效率、善于创新，努力提高自身的思想素质，学习和掌握与劳务派遣管理工作有直接或间接关系的各项技能，不断创新工作思维和工作方式以提高业务能力，把自己的新想法落实到行动上。服务至上要求劳务派遣管理员真正了解用户的需求，为服务对象提供超越预期的贴心服务；重视服务质量，全心全意为用户服务；重视细节，将优质服务落到实处，想用户之所想，急用户之所急。

第二章

人力资源管理知识

第一节　人力资源基本理论

一、人力资源与人力资源管理

1. 人力资源的概念

人力资源的概念最早是由现代管理学之父彼得·德鲁克（Peter F. Drucker）在其1954年出版的《管理的实践》一书中提出的。他认为，人力资源和其他所有资源相比，唯一的区别是人力资源拥有其他资源所没有的素质——协调能力、融合能力、判断力和想象力。

彼得·德鲁克认为企业只有一项真正的资源，那就是人力资源。可以说，人力资源是企业的第一资源，人力资源管理是所有管理工作的核心。

人力资源又被称为"劳动资源"或"劳动力资源"，其有广义和狭义之分。广义的人力资源是指以人的生命为载体的社会资源，以人口的存在为自然基础；狭义的人力资源的定义有很多种，以下列举其中几种。

（1）一个国家或地区有劳动能力的人口的总和。

（2）能够推动经济和社会发展的劳动者的能力。

（3）包含在人体内的一种生产能力（包括潜在的和现实的生产能力）。

（4）推动社会和经济发展的具有劳动能力的人口的总和（包括数量和质量）。

（5）一切能够为社会创造物质文化财富、为社会提供劳务和服务的人。

综上所述，人力资源是指存在于人们身上的，能够推动整个经济和社会发展、为社会创造财富和价值的一切体力、智力、知识和技能，即处在劳动年龄的已直接投入建设和尚未投入建设的人口的能力。

2. 人力资源的构成

人力资源包括人力资源的数量和人力资源的质量。

人力资源的数量包括绝对数量和相对数量。人力资源的绝对数量，即一个国家或地区中具有劳动能力、从事或将要从事社会劳动的人口总数。人力资源的相对数量，即人力资源率，是指人力资源的绝对数量占总人口的比例。

人力资源的质量，即人力资源具有的体力、智力、技能与态度等的状况。衡量指标包括健康情况、受教育程度、能力、态度等。

3. 人力资源的特征

（1）能动性。人具有主观能动性，能积极主动地、有意识有目的地认识世界和改造世界。

（2）两重性。人是生产者，又是消费者。

（3）时效性。人的一生要经过幼年、少年、青壮年、老年等阶段，各阶段的体力和智力不同，人力资源培养、开发、使用的规律也不同。

（4）智力性。人不仅有主观能动性，而且还是科学文化的载体。智力的继承和发展使得人力资源所具有的劳动能力随时间的推移，能够得以延续、积累和加强。

（5）可再生性。人力资源的可再生性除了遵守一般生物学规律外，还受到人类意识的支配和人类活动的影响。

（6）社会性。人有其自然性，也有其社会性。人是构成人类社会活动的基本前提，人力资源是一种社会资源。

4. 人力资源管理的概念

管理是一种工作程序，是一种办事的方法。人们一般把管理职能划分为计划、组织、领导、控制4个方面。管理的工作原则是科学的，而运用方法更讲究艺术性。

企业人力资源管理通过对企业中人和事的管理，处理人与人之间的关系和人与事的配合，充分发挥人的潜能，并对人的各种活动予以计划、组织、指挥和控制，以实现企业的目标。

5. 人力资源管理的内容

人力资源管理的内容包括人力资源规划、招聘与录用、培训与开发、绩效管理、薪酬福利管理、劳动关系管理六大方面。

（1）人力资源规划。人力资源规划是指为了达到企业的战略目标和战术目标，根据企业目前的人力资源状况，为了满足未来一定时期内企业在人力资源质量和数量方面的需要，对人力资源的引进、保持、配置、使用等各个环节进行的规划。

人力资源规划是企业人力资源管理的一项基础性工作，其目标是保证企业人力资源供给和需求的平衡，优化人力资源结构，并为人力资源的其他各项工作提供保障。

1）人力资源规划的内容。人力资源规划的内容包括组织规划、人力资源管理制度规划、人员规划、人力资源费用计划。

①组织规划。组织规划是对企业整体框架的设计，主要包括组织信息的采集、处理和应用，组织结构图的绘制，组织调查、诊断和评价，组织设计与调整以及组织机构的设置等。

②人力资源管理制度规划。人力资源管理制度规划是人力资源总规划目标实现的重要保证，包括人力资源管理制度体系建设的程序规划、制度化管理等内容。

③人员规划。人员规划是对企业人员总量、构成、流动的整体规划，包括人力资源现状分析、企业定员、人员需求与供给预测、人员供需平衡等。

④人力资源费用计划。费用计划是对企业人工成本及人力资源管理费用的整体计划，包括人力资源费用预算、决算、审核、结算以及人力资源费用控制等。

2）人力资源规划模型。人力资源规划的制定一方面依赖于企业的目标，另一方面以工作分析为依据。一份完整的人力资源规划应当涉及员工招聘、测试与选拔、培训与开发、职业规划、报酬系统、员工问题及其处理等人力资源开发与管理的各个领域，人力资源规划内容模型如图2-1所示。

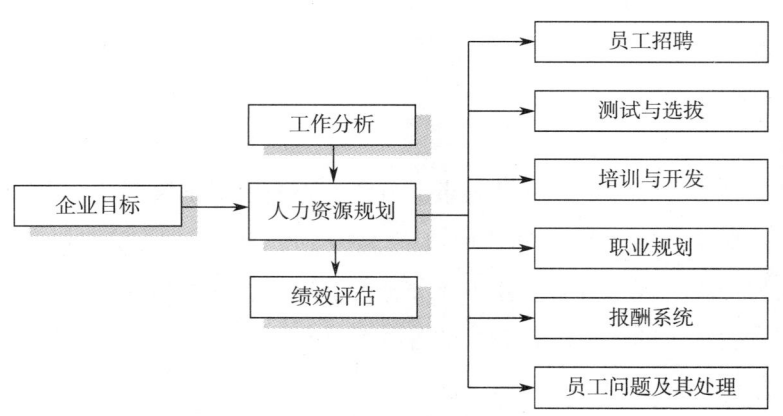

图2-1 人力资源规划内容模型

3）人才盘点。人才盘点是人力资源规划工作的基础，只有做好人才盘点，全面掌握企业人力资源现状，才能在此基础上进行系统的人力资源规划工作。

人才盘点是对企业战略、组织结构、人员状况进行深入分析后，做出人才梳理、评价、配置、发展等安排的过程。

企业快速发展阶段及企业战略转型期面临外部招聘量过大、关键人才流失比较严重等问题时，以及企业出现人才供给、分布不均衡等问题时，企业都需要进行人才盘点。

（2）招聘与录用。招聘是指为了实现企业的目标，人力资源管理部门和相关职能部门根据组织战略和人力资源规划的需求，通过各种渠道和方法，把符合职位要求的求职者引进企业以弥补岗位空缺的过程。

录用是人员招聘的主要环节之一，其主要包括在对应聘人员进行挑选之后对候选人进行录取和任用的一系列具体事宜（包括决定并通知录用人员、劳动合同签订、岗位的初步安排、试用和转正等内容）。在这一环节，招聘者和求职者都要做出决策，以达成个人和工作的最终匹配。

有效的招聘和录用具有提高员工满意度，降低员工流失率，减少甚至省去员工培训成本，增强团队工作士气，减少工作纠纷发生和提高组织绩效水平等作用。

1）招聘录用实施步骤。招聘录用工作分为初步面谈、笔试测试、深入面试、背景调查、体格检查、试用和任用6个步骤，要根据岗位的需求充分和妥当地安排笔试和面试。招聘录用的实施步骤包含如下内容。

①初步面谈。应聘人员填写应聘人员登记表，面试人员与应聘人员进行短时间的面谈，以观察了解应聘人员的外表、谈吐、教育水平、工作经验、技能和兴趣等。

②笔试测试。最常用的测试是笔试和实际操作，更现代的测试方式是人员素质测评，通过测试可以判断应聘人员的能力、学识和经验。

③深入面试。应聘人员笔试合格后，要再与其进行一次深入的面试，以观察和了解应聘人员的态度、进取心以及应变能力、适应能力、领导能力、人际关系能力等。

④背景调查。对经过上述筛选程序的合格者，人力资源部门要对其背景和资格进行审查，包括审查其学历和工作经验是否真实。

⑤体格检查。通过体检来判断审查合格者在体能方面是否符合岗位工作的要求，向体检合格者发放录用通知书。

⑥试用和任用。被录用者报到后，将其安置在相应的空缺岗位上试用。试用期满，经考核合格者，则予以正式任用。

2）面试方法选择。在招聘过程中，面试方法的选择非常重要，一般有面谈法、小组讨论法、角色扮演法等方法，其特点、操作步骤、注意事项和适用范围见表2-1。

● 表2-1 面试方法选择

类别	特点	操作步骤	适用范围	注意事项
面谈法	简单、迅速、经济，且不受人力、物力、时间、成本限制。但仅凭此法对应聘人员进行了解时，易受主观因素干扰	1. 面试官通过交谈的方式了解应聘人员的观念、思想、学识、态度、个性，作为录用与否的参考 2. 由面谈了解应聘人员的学习能力、社交能力等，作为应聘人员是否适任某项工作的重要参考	这种方法操作简单、经济，适合各种规模的企业运用	1. 面试问题的选择要有针对性，不能问涉及个人隐私的问题 2. 要选择具有一定的专业水平或作为某个领域专家的人员担任面试官
小组讨论法	可以在讨论过程中对应聘人员的口才、个性、思维等有较好的了解。但题目的设定范畴不容易掌控，且组织和协调需要较多人力、物力	1. 在没有领导者的情况下，应聘人员被要求针对某个特定的问题进行分组讨论，并达成群体决策 2. 面试官针对每个小组成员的人际关系技巧、群体的接受度、领导能力及个人的影响力等分别予以评分	适合销售类等需要员工具有良好口才和出众反应能力的服务性企业运用	1. 讨论的题目设置要合理 2. 采用此法时，面试官要用评分表进行打分
角色扮演法	可以对应聘人员的个性、行为有较清晰的认识，对应聘人员是否适合工作的判断效果比其他面试方式更好，但比较费时、费力	1. 通常是模拟多个企业在同一市场内相互竞争，由应聘人员扮演角色制定相关决策 2. 应聘人员必须制定的决策包括营销决策、广告决策、生产决策及存货决策 3. 根据应聘人员扮演角色的决策情况评分	适合具有一定规模及实力，需要高级人才的大中型企业运用	1. 模拟情景要符合企业实际 2. 人员安排要合理

3）招聘录用执行工具。招聘录用执行工具主要有应聘人员登记表、面试评分表等。

4）招聘录用风险控制。为了顺利完成招聘与录用工作，排除潜在风险，并且达到成功招到合适人才的目标，企业应在规范执行招聘流程、优选面试方法和执行工具的基础上，对下列四大评估指标进行重点风险控制，具体见表2-2。

● 表2-2 招聘录用四大评估指标

评估指标名称	评估指标说明
个人修养	1. 道德品质。待人接物、为人处世的根本原则和品性 2. 是否守时。面试、笔试报到是否准时 3. 健康程度。身心健康状况是否良好，身体状况是否可以承受工作任务 4. 礼貌礼节。对待面试官和一同面试人员是否注意礼节规范 5. 仪容仪表。发型、衣着等是否得体
综合素质	1. 执行力。对接到的任务是否能立即、认真执行 2. 责任感。执行任务时是否负责 3. 快速反应能力。对给出的问题反应是否敏捷 4. 条理性。表达和处理事情时是否有步骤、有条理
专业知识	1. 专业水平。在本专业领域取得的成绩是否达到一定标准 2. 相关工作经验。是否有和本企业、行业相关的工作经历
职业技能	1. 表达、沟通能力。对自己的观点是否能够表达明晰，沟通能力是否良好 2. 协调能力。和团队成员是否能够协调一致，共同处理事务 3. 职业资格（技能等级）。是否取得相关职业资格证书（技能等级证书）

（3）培训与开发。培训是指企业为了实现其战略发展目标，满足培养人才、提升员工职业素养的需要，采用多种方法对员工进行有计划的教育、培养和训练的活动过程。开发是指企业依据员工需求和企业发展需求对员工的潜能进行开发，并对其职业发展进行系统设计与规划的过程。培训和开发的最终目的，都在于通过提升员工的能力实现员工与企业的共同成长。

有效的培训与开发可以传授给员工与工作相关的知识和技能，提高员工的终生就业能力，从而为企业吸引和保留人才、建设学习型组织及营造优秀企业文化等提供必要的支持。下文分别介绍人力资源培训与人力资源开发。

1）人力资源培训主要是指根据企业战略目标和岗位要求，为使员工适应工作环境，提升员工知识、技能、态度与素质，改善员工工作绩效而进行的系统化的训练活动。人力资源培训的分类是多因素、多层次、多标准的，主要可以根据培训对象、培训内容、培训与工作关系、培训方式等进行划分。

①根据培训对象划分。根据培训对象的不同，人力资源培训又可以从职务级别、职务类别和人员资历三个方面进行分类。按职务级别划分，可分为领导层培训、高层管理者培训、中层管理者培训、基层管理者培训等。按职务类别划分，可分为营销部门培训、生产部门培训、经营管理部门培训等。按人员资历划分，可分为资深员工培训、新进员工培训等。

②根据培训内容划分。根据培训内容进行分类，人力资源培训可以划分为知识型培训、技能型培训、态度型培训、潜能型培训、道德修养培训以及法律法规、制度规范培训等。

③根据培训与工作关系划分。根据培训与受训人员的工作关系进行分类，人力资源培训可以划分为岗前培训、在岗培训和脱岗培训三种类型。

岗前培训是向受训人员介绍组织规章制度、组织文化、组织业务等内容的培训。岗前培训的对象主要包括组织从外部新招聘的人员，组织内部轮岗、轮换及晋升人员以及由于新技术、新标准、新产品引进而需要接受培训的人员等。岗前培训的内容主要包括组织历史、组织使命和远景规划，组织业务、岗位工作介绍和业务知识，组织机构、经营方式、员工组成和工作流程，组织管理制度、企业文化等。

在岗培训是员工不脱离岗位，利用业余时间和部分工作时间参加的培训活动。在岗培训的培训形式主要有工作辅导、企业内训、内部会议等。在岗培训主要采取结合工作现场业务，通过上级或优秀员工的培训、指导及员工的自我学习，不断提升员工工作胜任能力。在岗培训具有不耽误受训人员的工作时间、节约培训成本、有效建立上级与员工之间的沟通渠道、培训对象和内容更有针对性等优势。值得注意的是，在岗培训效果主要取决于培训项目是否有切实可行的培训计划和培训方法作为支撑，是否有经验丰富的培训师、合适的培训材料以及准确的培训记录和跟踪机制等予以配套。

相对于在岗培训而言，脱岗培训是指受训人员不在工作现场接受训练的一种人力资源培训方式。脱岗培训有5项特点。一是受训人数较多。脱岗培训的受训人数较多，覆盖面较广。二是培训人员的产生较为统一。脱岗培训受训人员由组织或组织相关部门统一决策和安排。三是培训时间较长。脱岗培训一般耗时较长，会占用较多的工作时间。四是培训内容较有针对性。脱岗培训主要是针对知识、技能、业务、态度等方面的培训。五是培训费用较高。一般情况下，脱岗培训会花费较多的费用。

④根据培训方式划分。按照培训方式划分，人力资源培训主要包括课堂授课、角色扮演、案例分析、管理游戏、模拟训练、视频教学、头脑风暴、课题研究、集体讨论等。培训方式的选择与运用应根据培训项目的内容以及培训师的教学特点进行。

2）人力资源开发。人力资源开发是20世纪80年代兴起的，旨在提升组织人力资源质量的管理战略和活动，是一个组织在其现有人力资源的基础上，依据组织战略目标、结构变革或对内外部环境的综合分析，对人力资源进行的调查、分析、规划和调整，以此提高组织或者团队成员的人力资源管理水平和素质潜能，从而为组织创造更大的效益和价值。

具体来讲，人力资源开发的含义包括 5 个方面：第一，人力资源开发的对象是人的智力和才能，即人的聪明才智；第二，人力资源开发要借助于教育培训、激发鼓励、科学管理等手段来进行；第三，人力资源开发活动是没有止境的；第四，人力资源开发是一项复杂的系统工程，人既是开发的主体，又是被开发的客体；第五，人力资源开发的过程既受到主观因素的影响，又受到客观因素的影响。

①一般能力开发。一般能力开发主要包括沟通能力开发、人际关系能力开发、团队协作能力开发三个方面。

第一个方面是沟通能力开发。沟通能力的开发主要包括积极倾听能力的开发、有效反馈能力的开发、把握反馈良机能力的开发、确保沟通对象理解能力的开发 4 个方面。

第二个方面是人际关系能力开发。人际关系能力是指妥善处理组织内外人员关系的能力。包括与周围环境建立广泛联系的能力，对外界信息进行吸收、转化的能力以及正确处理上下级及同事关系的能力。人际关系能力开发包括良好表达能力的培养、人际融合能力的培养和解决问题能力的培养。

第三个方面是团队协作能力开发。团队协作能力开发的目的是有计划地加强团队成员之间的沟通交流，增进彼此的了解和信任，实现高效的工作分工与协作，从而快捷达成团队目标。因此，对于组织的管理者来说，团队协作能力开发至关重要，直接影响组织目标的实现。团队协作能力开发主要包括制定明确的团队目标、帮助团队成员实现角色定位、建立赏罚分明的评价管理制度、对团队成员进行团队文化培训、树立团队典型榜样、进行有效授权和团队培训等步骤。

②管理技能开发。管理技能是指既有效率又有效果地完成管理工作的一系列行为、技巧和能力，主要包括技术技能、人际技能和概念技能三个方面。技术技能包括应用专业知识或技术的能力；人际技能是指无论是独自一个人还是在群体中，都能够与人共事、理解他人和激励他人的能力；概念技能是指管理者必须具备足够的智力水平去分析和诊断复杂情况的能力。管理技能开发的基本模式包括在职开发、替补训练、短期学习、轮流任职计划、决策模拟训练、决策竞赛、角色扮演、敏感性训练、跨文化管理训练等方面。

③领导能力开发。领导能力是一种复杂的管理职能体现，其包括领导者与追随者共同行动所产生的一系列可能的结果，如目标的完成、个体对目标承诺的实现、团队凝聚力的增强以及组织文化的构建等。领导能力作为社会交互作用的一种要素，能使人们超出常规标准，高质量地完成任务。领导能力主要包括洞察力、决断力、亲和力、激发力、凝聚力、学习力、影响力、应变力、创新力和执行力，一般表现出柔性、双

向性、人性化、叠加化和艺术性5个特点。领导能力的开发方法主要包括经营诊断、领导评测、计划设计、计划实施、后续支持、效果评价6个步骤。

④创造能力开发。创造能力是创造主体在理想环境中通过创造行为而获得创造成果的能力。创造能力的开发主要包括以下3种方法。

第一种方法是实施创造性培训。主要通过创造性的教材和教学方法，并通过建立创造性评价标准的方式对受训人员进行创造能力培训，使受训人员的创造能力得到开发。

第二种方法是进行创造性思维练习。创造能力的核心是创造性思维，由于大部分人习惯进行集中性思维，习惯于从众，因此创造性思维练习的主要内容是进行发散式思维练习。

第三种方法是加强创造技法学习。开发创造能力的一个重要途径是熟练运用各种创造技法，创造技法的推广和应用是开发创造能力的一条有效途径。

（4）绩效管理。绩效管理是组织为实现企业发展战略目标，采用特定的标准和指标，运用科学的方法与员工共同进行绩效计划、绩效沟通、绩效评价和绩效反馈，以持续推动员工个人绩效改进，并最终提高组织绩效的管理过程。

绩效管理的目标是不断改善组织氛围，优化工作环境，持续激励员工，提高组织效率。有效的绩效管理有助于组织真正地了解自身，改善组织绩效，保证员工与组织目标一致，提高员工满意度，优化和协调人力资源管理。

1）绩效管理的定义。绩效管理虽然是人力资源管理的子系统，但并不是仅属于人力资源部门的职能，它涵盖管理的所有职能，包括计划、组织、领导、协调和控制。绩效管理是一个持续不断的交流过程，在这一过程中员工和其直接主管之间通过达成协议来保证完成绩效结果。绩效管理是一个循环体系，这个体系不仅强调达成绩效结果，也注重通过辅导、评价、反馈而达成结果的过程。

2）绩效管理的原则。绩效管理是在坚持公开与开放原则、客观与公正原则、程序化与制度化原则、反馈与修正原则、可靠性与准确性原则的基础上，对员工的业绩、能力和态度进行的考核管理。

①公开与开放原则。一个良好的绩效管理体系只有在公开与开放的前提下，才有可能取得企业全体员工的认同，从而得到具体实施。

公开与开放式的绩效管理主要体现在两个方面：一方面是绩效管理制度必须建立在公平、开放的基础上，以最大限度地减少考评工作的神秘感；另一方面是考核的评价标准必须是十分明确的。

②客观与公正原则。绩效管理首先要做到以事实为依据，对员工的任何评价应有

事实依据，避免主观臆断和个人感情的影响。另外，对同一部门、同一岗位员工的考核标准应保持一致。

③程序化与制度化原则。绩效管理是一种连续的、循环的管理过程，绩效管理的程序化、制度化有利于企业了解员工的潜能并及时发现组织中存在的问题，从而有利于组织绩效的提升。

④反馈与修正原则。反馈与修正原则是指在绩效考核之后，各级部门主管应及时与被考核者进行沟通，把考核结果反馈给被考核者，并向被考核者就考核结果进行解释、说明，肯定其成绩和进步，说明其存在的不足，并为被考核者提供今后努力方向的参考意见等。同时各级主管也应认真听取被考核者的意见，采纳被考核者的合理建议，以便完善绩效管理工作。

⑤可靠性与准确性原则。绩效管理的可靠性与准确性是指绩效考核标准应具有可靠性，绩效考核结果应具有准确性。

可靠性又称信度，指测量的一致性和稳定性。绩效考核应保证所收集到的人员能力、工作结果、工作行为与态度等信息的一致性和稳定性，强调不同评价者对同一个人或同一组人的评价结果具有一致性，它要求绩效考核所采用的尺度是明确的。

准确性又称效度，指测量的结果能够有效地反映其测量内容的程度。绩效考核的效度是指绩效考核测量的个体能力与绩效内容的准确性程度，强调考核结果真实地反映特定员工工作内容的程度。

3）绩效管理的步骤。绩效管理作为一个完整的系统，具体的实施步骤包括四个阶段：绩效计划、绩效实施、绩效反馈与面谈、绩效评估结果应用。

①绩效计划。绩效计划是主管与员工对员工考核期间应该实现的工作绩效进行沟通，并将沟通结果落实为书面协议的过程。绩效计划是整个绩效管理体系中非常重要的环节，它具有前瞻性，其作用在于帮助员工认清方向、明确目标。

②绩效实施。绩效实施是指考评者对照工作目标或绩效标准，采用一定的考核方法评定员工的工作任务完成情况、员工的工作职责履行情况和员工的发展情况，并将上述评定结果反馈给员工的过程。

③绩效反馈与面谈。绩效反馈与面谈是在绩效考核之后将结果反馈给被考评者的过程，是绩效管理的灵魂和核心，是整个绩效管理过程中耗时最长、最关键的环节，是绩效管理真正实现指导未来行为的开始。通过绩效反馈与面谈能够使下属员工了解主管对自己的期望，认识到自己有待改进的方面。

④绩效评估结果应用。绩效评估结果应用主要有以下几方面。

第一个方面是员工薪资调整。为了增强薪酬的激励作用，在员工的薪酬组成部分中，有一部分薪酬是与员工绩效直接挂钩的。根据工作性质的不同，其绩效薪酬设置的比例也不同。

第二个方面是工作岗位的调整。通过对员工的全方位考核，可以了解员工所取得的业绩、具备的工作能力、发展潜力等，并作为员工工作岗位调整（职务晋升、降级、轮换等）的重要参考依据之一。

第三个方面是人员培训与开发。通过绩效评估，可以了解员工在工作方面的优势和不足。针对优势，应当激励员工保持并强化；针对不足，应分析其原因，并有重点地对员工进行培训以弥补不足，从而达到提高员工工作绩效的目的。

4）绩效管理的方法。一般而言，员工绩效具有 3 个基本特征，即多因性、多维性和动态性。在设计和选择绩效评估方法时，可以根据被评估对象的性质和特征，分别采用品质导向型、行为导向型和效果导向型 3 种绩效管理方法。

①品质导向型的绩效管理方法以考核员工的潜质为主，着眼于"这个人怎么样"，重点考量该员工是一个具有何种潜质的人。

品质导向型的考核涉及员工信念、价值观、动机、忠诚度、诚信度等一系列素质以及领导力、人际沟通能力、组织协调能力、理解力、判断力、创新能力、研究能力和计划能力等一系列能力。

由于品质导向型的考评需要使用如忠诚、可靠、主动、创造性、自信心、合作精神等定性的形容词，所以对考核者的素质要求较高。

②行为导向型的绩效管理方法以考核员工的工作行为为主，着眼于"干什么"和"如何去干"，重点考核员工的工作方式和工作行为。由于行为导向型的考核重视工作过程而非工作结果，所以考核的标准较易确定，操作性较强。该方法适合对管理性、事务性工作进行考核，对人际接触和交往频繁的工作岗位尤其适用。

③效果导向型的绩效管理方法以考核员工或组织工作效果为主，着眼于"干出了什么"，重点考量员工提供了何种服务，完成了哪些工作任务或生产了哪些产品。效果导向型的考核注重的是员工或团队的产出和贡献，即工作业绩，而不关心员工和组织的行为和工作过程。

效果导向型的考核方法具有滞后性、短期性和表现性等特点。这种方法更适用于工作成果可以计量的工作岗位上的人员，不适用于事务性工作岗位上的人员。

（5）薪酬福利管理。薪酬福利管理即是指企业在发展战略指导下对薪酬的动态管理过程，该过程包括确定和调整员工薪酬福利支付原则、薪酬福利策略、薪酬福利水平、薪酬福利结构和薪酬福利。

科学有效的薪酬福利管理有利于推动和支持企业战略目标的实现，确立企业的竞争优势；有利于满足员工的需求，开发员工能力，激发员工潜能；有利于调和劳资关系，推动社会和谐发展。

1）薪酬的一般构成。薪酬一般可以划分为基本工资、绩效工资、激励工资、津贴补贴以及福利五大部分。

①基本工资是企业为员工已完成工作支付的基本现金薪酬。基本工资反映的是工作或技能的价值，而往往忽视了员工之间的个体差异。基本工资是稳定的、不可变的报酬，即企业要么采取职务薪资制，要么采取技能薪资制或能力薪资制。

②绩效工资又称为浮动薪酬或奖金，是对员工过去工作行为和已经取得的成果的认可。它作为基本工资以外的附加薪酬，往往随着员工业绩的变化而调整，具体包括佣金、团队奖励、利润分成等。

③激励工资是和业绩直接挂钩的工资，被看作是可变性工资。它分为长期激励工资和短期激励工资、个人激励工资和团队激励工资以及企业激励工资和混合激励工资。其中，衡量业绩的标准包括成本节约、产品数量、产品质量、税收、投资收益、利润增加等。激励工资具体包括股权和期权等。

④津贴补贴。津贴是指企业对特殊劳动条件下工作的员工付出的额外劳动、生活费用支出及所受到的健康损害而给予的特殊补贴。补贴是作为员工基本工资补充的一系列费用和实物的总和。

⑤福利。福利是指为了吸引员工到企业工作而根据需要设计的作为基本工资补充的一系列措施和实物的总和。具体包括休假、服务和保险等。

2）薪酬的作用。一方面，薪酬是企业总成本的重要内容，企业总体薪酬支付是企业竞争能力的一项重要指标；同时，员工对分配水平的满意程度及对分配公平性的认同比例直接决定了企业的命运。

另一方面，薪酬是员工的主要生活来源，是员工维持生活，进行简单再生产和扩大再生产的必要前提。薪酬也影响着员工的行为和工作绩效，科学合理的薪酬制度能提高企业员工积极性、创造性。

3）全面薪酬。全面薪酬指的是在传统货币形式的薪酬外增加的，对员工的非货币薪酬激励。全面薪酬的表现形式包括精神的与物质的、有形的与无形的、货币的与非货币的、内在的与外在的等。

全面薪酬包括一个整体薪酬项目的所有内容，它涵盖了企业经济性报酬和非经济性报酬两个方面，是内在薪酬和外在薪酬的结合。全面薪酬的内在实质是强调物质奖励和精神奖励并重。全面薪酬的特征包括：根据员工需要的变化来设计企业的薪酬制度，以员工满意为中心，增加对员工情感方面的关怀，增加对员工管理的时间以及企业文化设计，强调外部市场敏感性、以绩效为基础的可变薪酬、弹性的工作机会、团队贡献等。

（6）劳动关系管理。劳动关系是指企业与员工之间在劳动过程中发生的以经济利益关系为核心的各种关系的总和。劳动关系管理的主要工作事项包括劳动合同管理、劳动纠纷管理、员工满意度管理和沟通与冲突管理等。

劳动关系管理的总目标是依据与劳动关系相关的法律法规，缓解、调整在劳动关系方面的冲突，创造良好的工作氛围和良好的人际关系环境，最大限度地促进劳动关系的和谐，以提高企业管理效率，实现组织战略目标。认识劳动关系管理需明晰以下几个方面。

1）劳动标准。劳动标准是指对劳动者、劳动过程、劳动条件、劳动关系等领域内的重复性事物、概念和行为进行规范，以定性形式或者以定量形式所做出的统一规定，如工时标准、休息休假标准、女职工劳动保护标准、未成年工劳动保护标准、工资标准、社会保险标准等。

劳动标准的制定以劳动领域的自然科学、社会科学及实践经验为基础。它的制定方式是多种多样的，但都必须从劳动标准对象的多样性和复杂性出发，对不同类型的劳动标准对象采取不同的制定标准的方式。劳动标准的制定主体也不同，有的劳动标准由立法机关制定，有的由标准化机构制定，有的由劳动关系双方协商制定。

劳动标准的作用主要有4个方面。一是为实行科学管理提供重要基础，为劳动管理提供目标和依据，有利于管理目标的具体化和定量化。二是有利于提高劳动效率，如劳动定员标准有利于实现劳动力资源的合理、有效配置。三是有利于促进劳动关系和谐稳定，如最低工资标准、工时标准、社会保险标准等劳动者基本权益保障标准的建立和实施，有效地促进了劳动关系和谐稳定。四是推动劳动领域标准化工作，促进劳动领域各方面工作的科学化、规范化和现代化。

2）集体协商。集体协商又称为集体谈判，是用人单位工会或者职工代表与相应的用人单位代表为签订集体合同进行商谈的行为。

①集体协商的目的。集体协商的目的是为了实现某些目标，集体协商谈判的过程是劳动关系双方合作解决问题的过程。根据2004年5月1日起实施的《集体合同规定》第2章的规定，集体协商的内容主要包括以下事项。

劳动报酬。主要包括用人单位工资水平、工资分配制度、工资标准和工资分配形式，工资支付办法，加班、加点工资及津贴、补贴标准和奖金分配办法，工资调整办法，试用期及病、事假等期间的工资待遇，特殊情况下职工工资（生活费）支付办法，其他劳动报酬分配办法。

工作时间。主要包括工时制度、加班加点办法、特殊工种的工作时间、劳动定额标准。

休息休假。主要包括日休息时间、周休息日安排、年休假办法，不能实行标准工时职工的休息休假，其他假期。

劳动安全与卫生。主要包括劳动安全卫生责任制、劳动条件和安全技术措施、安全操作规程、劳保用品发放标准、定期健康检查和职业健康体检。

补充保险和福利。主要包括补充保险的种类、范围，基本福利制度和福利设施，医疗期延长及其待遇，职工亲属福利制度。

女职工和未成年工特殊保护。主要包括女职工和未成年工禁忌从事的劳动，女职工的经期、孕期、产期和哺乳期的劳动保护，女职工、未成年工定期健康检查，未成年工的使用和登记制度。

职业技能培训。主要包括职业技能培训项目规划及年度计划、职业技能培训费用的提取和使用、保障和改善职业技能培训的措施。

劳动合同管理。主要包括劳动合同签订时间，确定劳动合同期限的条件，劳动合同变更、解除、续订的一般原则及无固定期限劳动合同的终止条件，试用期的条件和期限。

奖惩。主要包括劳动纪律、考核奖惩制度、奖惩程序。

裁员。主要包括裁员的方案、裁员的程序、裁员的实施办法和补偿标准。

集体合同期限。

变更、解除集体合同的程序。

履行集体合同发生争议时的协商处理办法。

违反集体合同的责任。

双方认为应当协商的其他内容。

②集体协商的意义。集体协商在劳动关系的调整与运行中具有重要的意义，主要体现在以下3方面：一是集体协商是维护职工合法权益不可缺少的、重要的手段，二是集体协商是协调、稳定劳动关系和维护正常的生产经营和工作秩序的重要保证，三是集体协商是保障社会安定的重要方法。

从协商主体的角度来讲，集体协商的意义是双重的。对劳动者而言，通过集体协商，可以有效抑制用人单位一些不合理的、侵犯劳动者权益的行为，为劳动者争得平等的地位、必要的劳动条件和基本的生活保障等合法权益。对用人单位而言，通过集体协商的方式可以加强劳动关系双方的沟通与合作，维护劳动关系的稳定，推动企业目标的实现和企业效益的提高。

③集体协商的功能。集体协商的过程实际上也就是体现3个功能的过程，即体现市场或经济功能、政府调控功能以及决策功能的过程。通过协商可以确立劳动力市场工资水平，体现了集体协商的市场或经济功能。通过协商可以形成一系列规范劳动关系的程序性规则，体现了集体协商的政府调控功能。通过协商可以确认劳动者有权通过工会参与工作场所规章制度的制定，体现了集体协商的决策功能。

3）劳动合同。劳动合同是劳动者与用人单位确立劳动关系、明确双方权利和义务的协议。劳动合同管理的目的是为了在劳动者与用人单位之间建立劳动法律关系，规定劳动合同双方当事人的权利和义务。企业加强劳动合同管理可以规避一定的用工风险。

①劳动合同法定条款。《中华人民共和国劳动合同法》（以下简称《劳动合同法》）规定，劳动合同应当具备以下条款。

劳动关系双方主体的基本情况。包括用人单位的名称、住所和法定代表人或主要负责人，劳动者的姓名、住址和居民身份证或者其他有效身份证件号码。这些内容是劳动关系双方主体的基本情况，应当在劳动合同中明确。

劳动合同期限。劳动合同期限是劳动合同规定的双方当事人权利义务的有效期间。《劳动合同法》规定，劳动合同分为固定期限劳动合同、无固定期限劳动合同和以完成一定工作任务为期限的劳动合同。其具体内容见表2-3。

● 表2-3 劳动合同期限种类

合同期限类型	具体说明
固定期限劳动合同	固定期限劳动合同是指用人单位与劳动者约定合同终止时间的劳动合同。用人单位与劳动者协商一致，可以订立固定期限劳动合同
无固定期限劳动合同	无固定期限劳动合同是指用人单位与劳动者约定无确定终止时间的劳动合同。用人单位与劳动者协商一致，可以订立无固定期限劳动合同。有下列情形之一，劳动者提出或者同意续订、订立劳动合同的，除劳动者提出订立固定期限劳动合同外，应当订立无固定期限劳动合同： 1. 劳动者在该用人单位连续工作满10年的； 2. 用人单位初次实行劳动合同制度或者国有企业改制重新订立劳动合同时，劳动者在该用人单位连续工作满10年且距法定退休年龄不足10年的； 3. 连续订立2次固定期限劳动合同，且劳动者没有法律规定的可以解除劳动合同的情形，续订劳动合同的用人单位自用工之日起满1年不与劳动者订立书面劳动合同的，视为用人单位与劳动者已订立无固定期限劳动合同
以完成一定工作任务为期限的劳动合同	以完成一定工作任务为期限的劳动合同是指用人单位与劳动者约定以某项工作的完成为合同期限的劳动合同。用人单位与劳动者协商一致，可以订立以完成一定工作任务为期限的劳动合同

工作内容和工作地点。工作内容是指员工入职后应当为企业提供的劳动，即承担何种工作或职务，包括工种和岗位等。工作地点是员工工作所在的地方或场所。

工作时间和休息休假。工作时间是指员工为企业正常提供劳动的时间，休息休假时间是指员工在工作之余，正常休息放松的时间。在合同中明确工作时间和休息休假是为了在法定标准基础上，进一步明确该员工具体的工作时间和休息休假安排。

劳动报酬。劳动报酬是指企业根据员工劳动数量和质量，以货币形式支付给员工的工资。此项条款应明确员工适用的工资制度，工资支付时间、支付标准、支付周期，工资计算办法，奖金津贴获得的条件和标准。如有必要，还可以明确加班加点工资的计算办法、支付时间以及待岗期间的工资待遇等。

社会保险。社会保险是指国家通过立法建立的、对符合法定条件的员工在其生育、年老、疾病、工伤、失业以及发生其他生活困难时，给予物质帮助的制度。本项条款应明确双方当事人各自的社会保险缴费项目、缴费标准和缴费办法等。

劳动保护、劳动条件和职业危害防护。劳动保护是指企业为保障员工在劳动过程中的安全和健康，防止工伤事故并预防职业病的发生所应采取的技术措施和组织措施。劳动条件是指为完成工作任务应由企业提供的，不得低于国家规定标准的必要条件。职业危害防护是指企业为避免员工在日常生产过程中受到职业病伤害而采取的防护措施。

②劳动合同约定条款。劳动合同除前款规定的必备条款外，企业与员工可以约定试用期、培训、保守秘密、补充保险和福利待遇等其他事项。

试用期。试用期是员工和企业为了互相了解、选择而约定的考察期，分别用于考察员工是否符合录用条件以及企业所介绍的劳动条件是否符合实际情况。《劳动合同法》对试用期限作出如下规定。劳动合同期限3个月以上不满1年的，试用期不得超过1个月。劳动合同期限1年以上不满3年的，试用期不得超过2个月。3年以上固定期限和无固定期限的劳动合同，试用期不得超过6个月。同一用人单位与同一劳动者，只能约定一次试用期。以完成一定工作任务为期限的劳动合同，或者劳动合同期限不满3个月的，不得约定试用期。试用期包含在劳动合同期限内。劳动合同仅约定试用期的，试用期不成立，该期限为劳动合同期限。

培训。培训是按照职业或者工作岗位对劳动者提出的要求，以开发和提高劳动者的职业技能为目的的教育和训练过程。劳动关系双方当事人可以约定培训的项目、条件、培训期间的工资待遇、培训费用支付方法、服务期限等。

保守秘密。企业与员工可以在劳动合同中约定保守企业的商业秘密和与知识产权相关的保密事项。对负有保密义务的员工，企业可以在劳动合同或者保密协议中与员工约定竞业限制条款,并约定在解除或者终止劳动合同后,在竞业限制期限内按月给予员工经济补偿。员工违反竞业限制约定的,应当按照约定向企业支付违约金。

补充保险和福利待遇。根据国家法律、法规规定,企业依据国家政策并根据自身经营发展战略以及企业效益,与员工协商确定补充养老保险、补充医疗保险和适应企业特点的福利待遇。

③劳动合同的订立步骤。主要包括3个步骤,即要约和承诺、互相协商及双方签约。劳动合同订立的步骤具体见表2-4。

● 表2-4 劳动合同订立的3个步骤

步骤	具体内容
要约和承诺	1. 劳动者或用人单位向对方提出订立劳动合同的建议称为要约。即一方向另一方提出签订劳动合同的要求,提出要求的一方为要约方,与之相对应的一方称为被要约方。被要约方接受要约方的建议并表示完全同意称为承诺。承诺一旦做出,劳动合同即告成立 2. 用人单位通过招工简章、职业介绍机构的招聘登记等形式提出要约。要约包括工作岗位、工作任务、劳动报酬、劳动条件、保险福利等事项,以及所招聘人员应具备的条件等 3. 要约方也可以是劳动者,劳动者可通过求职信、求职登记表等形式提出要约
互相协商	1. 被要约方与要约方就签订劳动合同的内容进行平等协商,各自向对方如实介绍自身情况和要求。通常情况下,以用人单位提供草拟的劳动合同文本作为双方协商的基础 2. 草拟的劳动合同文本规定了双方的权利和义务,在双方对各自的权利和义务达成一致后,协商即告结束
双方签约	1. 劳动合同双方当事人在签约前,应认真审阅劳动合同文本约定的内容是否真实,是否与签约条件一致。经确认后,劳动者本人和用人单位签字、盖章,并填写年、月、日 2. 法定代表人可以书面委托有关人员代理签字,如果当事人双方要求的劳动合同生效时间与最后一方签字、盖章的时间不一致,必须注明该劳动合同的生效时间

④劳动合同订立的原则。《劳动合同法》规定:"订立劳动合同,应当遵循合法、公平、平等自愿、协商一致、诚实信用的原则。"

一是合法原则,即必须遵守国家法律、法规,合同的各项条款都不得与国家有关法规相冲突,具体体现在以下3个方面。第一,劳动合同的内容必须合法,必须遵守国家法律、法规和政策的规定。第二,劳动合同订立的程序和形式必须合法。第三,劳动合同的主体必须合法,即劳动合同的当事人双方必须具有法定的主体资格。

二是公平原则。公平是最基本的法律价值理念,《劳动合同法》调整的是劳动合同关系，涉及力量不平衡的员工和企业双方，因此公平尤为重要。其含义包含3个方面。第一，《劳动合同法》在规范劳动合同双方当事人之间的权利、义务和责任的承担上，应该体现公平原则，重点照顾员工的利益，同时兼顾企业的合法权益。第二，在处理劳动合同纠纷上，应依法律规定来执行，以体现公平原则。第三，在订立劳动合同时，应本着公平原则确定相互之间的权利义务关系。

三是平等自愿原则。平等是指企业和员工在缔结合同时，法律地位上的平等。在订立劳动合同过程中，当事人双方都是以劳动关系主体资格出现的，是平等主体之间的关系。双方都要依法在协商一致的基础上达成协议。员工和企业在法律上处于平等的地位，平等地决定是否缔约，平等地决定合同的内容。

自愿是指订立劳动合同完全是出自双方当事人自己的真实意志，是双方在意思表示一致的情况下，充分体现自己订立劳动合同的意图，经过平等协商而达成共识。他人不得强迫对方完成这种意思表示，双方当事人对于劳动合同的订立不得享有任何特权。

四是协商一致原则。所谓协商一致是指在法律法规允许的范围内，由双方当事人共同讨论、协商劳动合同的内容、条款，在取得共识后确定。只有双方当事人就合同的主要条款达成一致意见后，合同才成立和生效。

五是诚实信用原则。诚实信用原则是道德观念的法律化，其要求劳动合同双方当事人在进行劳动合同订立等活动时，意图诚实、善意，行使权利不得侵害他人和社会的利益，履行义务，信守承诺，遵守法律规定。

⑤劳动合同履行的原则。劳动合同的履行应当遵循以下4项原则，即亲自履行、实际履行、全面履行和协作履行的原则，具体内容见表2-5。

● 表2-5 劳动合同履行的4项原则

原则	具体说明
亲自履行原则	劳动合同是特定主体之间，即企业与员工之间签订的合同，必须由劳动合同明确规定的当事人来履行，不允许当事人以外的其他人代替履行
实际履行原则	除了法律和劳动合同另有规定或者客观上已不能履行的以外，当事人要按照劳动合同的约定完成义务，不能用别的义务来代替劳动合同约定的义务
全面履行原则	即实际履行原则的补充和发展，劳动合同生效后，双方当事人除按照劳动合同约定的义务履行外，还要按照劳动合同约定的时间、地点、方式，按质、按量履行全部义务
协作履行原则	劳动合同的双方当事人在履行劳动合同的过程中，有互相协作、共同完成劳动合同约定的义务，任何一方当事人在履行劳动合同遇到困难时，另一方都应该在法律允许的范围内尽力给予帮助，以便双方尽可能地全面履行劳动合同

⑥劳动合同续签。依据劳动法规定，劳动合同期满前30日，企业应将续订（终止）劳动合同意向通知书送达员工，经协商有意续订劳动合同的，应在劳动合同期满前办理续订合同手续，续订劳动合同不得再次约定试用期。劳动合同的续订主要包括无固定期限劳动合同和有固定期限劳动合同两种。

对于无固定期限劳动合同，《劳动合同法》规定，有下列情形之一，劳动者提出或者同意续订、订立劳动合同的，除劳动者提出订立固定期限劳动合同外，应当订立无固定期限劳动合同。

第一种是劳动者在该用人单位连续工作满10年的。

第二种是用人单位初次实行劳动合同制度或者国有企业改制重新订立劳动合同时，劳动者在该企业连续工作满10年且距法定退休年龄不足10年的。

第三种是连续订立2次固定期限劳动合同，且劳动者没有法律规定的可以解除劳动合同的情形续订劳动合同的。

对于有固定期限劳动合同，在合同期限届满前，双方应协商确定续签合同期限。

⑦无效劳动合同。无效劳动合同，是指当事人违反法律规定订立的不具有法律效力的劳动合同。依据《劳动合同法》有关规定，存在下列情形的劳动合同无效或者部分无效。

以欺诈、胁迫的手段或者乘人之危，使对方在违背真实意思的情况下订立或者变更劳动合同的；用人单位免除自己的法定责任、排除劳动者权利的；违反法律、行政法规强制性规定的。

无效劳动合同从订立时起就没有法律约束力，如果合同属于部分条款无效，不影响其他部分效力的，则其他部分仍然有效。劳动合同的无效由劳动争议仲裁机构或人民法院认定。

4）劳动争议。劳动争议是指劳动关系当事人因劳动权利和义务发生分歧而引起的争议。

①劳动争议的预防。有效预防劳动争议是劳务派遣管理员和人力资源专员的重点工作之一。劳动争议的预防通常可采取以下3种措施，包括制定完善的规章制度、制定严密规范的劳动合同以及构建有效防范劳动争议的内部机制。

一是制定完善的规章制度。企业应根据国家和地方法律法规制定完善的内部规章制度，这样不仅可以建立健康而良好的管理秩序，同时，也因其中包含着员工的行为规范，而对规范企业的管理起着至关重要的作用。

二是制定严密规范的劳动合同。劳动合同可以对劳动内容和法律未尽事宜作出详细的、具体的规定，使双方明确权利和义务，促进双方全面履行合同，防止因违约而导致劳动争议发生，劳动合同是员工与企业之间劳动关系的体现，也是处理劳动争议的重要依据。

三是构建有效防范劳动争议的内部机制。企业应建立有效的劳动争议内部应对机制，及时化解可能导致劳动争议的劳动关系、劳资矛盾等问题，保障生产经营活动的正常开展，具体做法见表2-6。

● 表2-6　劳动争议防范机制的具体内容

防范机制	内容
建立员工参与或影响决策的管理机制	增加员工参与决策的机会，以帮助其减少因不了解企业管理者意图和管理措施而产生的不满，加强彼此的沟通和信任
在企业内部营造良好的团队环境和工作氛围	企业要提出本企业的共同价值观、理想、信念和作风，用于指导统率企业内部员工的思想和行为，创造出一种团结共事的和睦气氛
创造良好的工作条件	良好的工作条件是良好精神环境的前提和保证，是良好工作环境的外显特征。工作条件不好不仅会降低工作效率，也会导致员工对企业产生不满和抵触情绪
做好员工关系管理	人力资源专员应清楚地了解员工的需求与愿望，并进行良好的沟通。这种沟通应更多采用柔性的、激励性的、非强制的手段，从而提高员工满意度，促进企业其他管理目标的实现
建立企业劳动争议调解委员会	企业劳动争议调解委员会的调解工作往往可以使劳动争议不出企业就及时妥善地得到化解，把劳动争议消灭在萌芽状态

②劳动争议的处理。日常经营管理过程中，引发劳动争议的情景可能有很多种，企业应严格遵循程序及采用合理的方法及时处理劳动争议，以避免劳动争议进一步恶化。一旦劳动争议发生，争议双方应遵循协商、调解、仲裁和诉讼的程序进行解决，具体操作步骤如下。

劳动争议发生后，当事人双方首先应协商解决。协商一致的，当事人可以形成和解协议。但和解协议不具有强制执行力，需要当事人自觉履行。协商不是处理劳动争议的必要程序，当事人不愿协商、协商不成或者达成和解协议后不履行的，可以向调解组织申请调解。

发生劳动争议，当事人可以向企业劳动争议调解委员会，依法设立的基层人民调解组织，在乡镇、街道设立的具有劳动争议调解职能的组织申请调解，经调解后达成协议的，应当制作调解协议书。调解协议书由双方当事人签名或盖章，经调解员签名并加盖调解组织印章后生效，对双方当事人具有约束力，当事人应当履行。

达成调解协议后一方当事人在协议约定期限内不履行的，另一方当事人可以依法申请仲裁。因支付拖欠劳动报酬、工伤医疗费、经济补偿或赔偿金事项达成调解协议，企业在协议约定期限内不履行的，员工可以持调解协议书向人民法院申请支付令。

不愿调解、调解不成或者达成调解协议后不履行的，可以向劳动争议仲裁委员会申请仲裁。劳动争议仲裁委员会由劳动行政部门代表、工会代表和企业方面代表组成。仲裁遵循一次裁决原则、合议原则和强制原则等。

对仲裁裁决不服的，可以向人民法院提起诉讼，由人民法院审理做出最终判决。

二、人力资源管理与组织行为学

人力资源管理与组织行为学都是以人为研究对象，人力资源管理是以组织中的员工为中心开展的一系列活动，组织行为学则是对人的心理和行为规律的研究，两者的目的都是促进组织预期绩效的提高，帮助组织更好地实现预期目标。对组织行为学的研究有助于提升人力资源管理工作的效率，帮助组织更好地预测、指导、控制人力资源。

1. 组织行为学概述

组织行为学是通过研究组织中人的心理和行为表现及其客观规律，提高管理人员预测、引导和控制人的行为的能力，以实现组织既定目标的科学。

组织行为学的研究对象是人的心理和行为表现及其规律性。人的心理和行为密不可分，心理活动是行为表现的内在基础，行为是心理活动的外在表现。因此，组织行为学将二者作为统一体进行研究。

组织行为学的研究范围是一定组织中的人的心理与行为表现及其规律性。换言之，组织行为学并不是研究所有人，而是局限于一定组织范围内的人。这种组织范围包括政府组织、民间组织、工商企业、教育机构和医疗卫生机构等。而且，组织行为学不单研究组织范围中的个体心理与行为，还研究群体心理与行为以及整个组织的心理与行为。

组织行为学研究的目的是提高管理人员预测、引导和控制人的行为的能力，以实现组织既定的目标。尤其是如何采取相应的措施变消极行为为积极行为，以获得更好的组织绩效。

组织行为学是一门交叉学科，其研究发展与多门学科的研究成果有着必然的联系，这些学科包括心理学、社会学、社会心理学、人机工程学、行为科学、人类学以及政治学等。

2. 个体行为

个体行为，指具备独立的思维、认识、情感、意志、信念的个体所采取的行动。

个体作为社会的最小构成单位，其行为自然具备一定的普遍性，具体表现为：自发性、因果性、主动性、持久性、可变性。

自发性，即个体行为可以受到客观环境的影响，在行为的目标和方向、程度和力度上发生改变，但个体行为的发生是自发的。因果性，即个体行为的发生不是无缘无故的，一定是受到某些因素推动的结果。主动性，即个体行为是自发的，同时又是主动的，是在自主意识的主导下发生的行为。持久性和可变性，即个体行为受因果关系的影响一般有一定的目标，在目标实现之前的一定时间内有持久性，同时受目标实现难度和客观条件的影响，个体行为也会不断调整。

一般来说，影响个体行为的因素有内部原因和外部原因，或称主观和客观两方面。内部原因包括生理因素、心理因素、文化因素和经济因素，外部原因包括不以意志为转移的全部物质环境因素。

3. 组织行为

组织行为，指组织作为一个整体在各方面因素的共同影响下做出的行动和作为。

组织行为的特征体现为：组织行为不是个体的行为，是作为整体的组织的行为；组织行为始终围绕组织的理想目标进行；组织行为不被个体的行为代表，但是组织行为是组织内的全部个体的行为；组织行为的实现要通过个体行为来实现，个体行为构成组织行为的基本单位，同时受组织行为的深刻影响。

一般来说，组织行为包含以下4种。

（1）微观组织行为。微观组织行为指组织内的某一个体或群体的具体行为。

（2）宏观组织行为。宏观组织行为指所有组织成员作为一个整体活动时表现出的行为，如组织变革、组织发展、组织学习等。

（3）正向组织行为。正向组织行为指组织成员表现出的一切有利于组织目标实现的行为，如尽职尽责、遵守规章制度等。

（4）反向组织行为。反向组织行为指组织成员表现出的所有不利于或损害组织利益、妨碍组织目标实现的行为，如违法犯罪、道德问题等。

4. 激励理论

激励理论主要包括内容型激励理论、过程型激励理论及强化型激励理论。

（1）内容型激励理论。内容型激励理论主要突出激励对象的未满足的需要，包括马斯洛的需要层次理论、赫茨伯格的双因素理论、麦克利兰的成就需要理论以及奥尔德弗的 ERG 理论。

1）马斯洛的需要层次理论是美国心理学家亚伯拉罕·马斯洛（Abraham Maslow）于1943年初次提出的，他把人类复杂的需要分为生理的需要、安全的需要、友爱和归属的需要、尊重的需要和自我实现的需要5个层次。

马斯洛把人的基本需要分为高、低两级，其中生理需要、安全需要、友爱和归属需要属于低级的需要，这些需要通过外部条件使人得到满足，如借助于工资收入满足生理需要，借助于法律制度满足安全需要等。而尊重的需要和自我实现的需要是高级的需要，是从内部得到满足的，而一个人对尊重和自我实现的需要是永远不会完全满足的。

2）赫茨伯格的双因素理论是美国心理学家弗雷德里克·赫茨伯格（Frederick Herzberg）于1959年提出的，其全称是激励—保健因素理论。该理论的要点是使组织成员不满的因素与使组织成员感到满意的因素是不一样的。赫兹伯格认为影响组织成员工作积极性的因素可以分为保健因素和激励因素两类。

①保健因素。保健因素是指那些与人们的不满情绪有关的因素，如组织政策、工资水平、工作环境、劳动保护。这类因素处理得好可以预防和消除不满情绪的产生，但它们不能起激励作用，只能保持人的积极性，维持工作现状。

②激励因素。激励因素是指能够促使人们产生工作满意感的因素，主要包括工作的成就感，工作得到认可和赞赏，工作的挑战性，工作职务上的责任感，工作的发展前途以及个人成长和晋升的机会等。

双因素理论强调，不是所有需要得到满足都能激励人的积极性。只有激励因素的需要得到满足时，人的积极性才能最大程度地发挥出来，而如果缺乏激励因素则并不会引起很大的不满。保健因素的缺乏将引起很大的不满，然而具备了保健因素时并不一定会激发人们强烈的动机。赫茨伯格还明确指出，在缺乏保健因素的情况下，激励因素的作用也不大。

3）麦克利兰的成就需要理论。美国哈佛大学心理学家戴维·麦克利兰（David C. McClelland）从20世纪50年代开始对人的需要和动机进行研究，提出了著名的"三种需要理论"，即个体在工作情境中有3种重要的动机和需要，包括成就需要、权力需要和归属需要。

①成就需要，即争取成功、希望做得最好的需要。麦克利兰认为，具有强烈成就需要的人渴望将事情做得更为完美，提高工作效率，获得更大成功，他们追求的是在克服困难、解决问题、争取成功的过程中享受奋斗的乐趣以及个人成就感。

②权力需要，即影响或控制他人且不受他人控制的需要。

③归属需要，即建立友好亲密的人际关系的需要。

4）奥尔德弗的 ERG 理论。美国耶鲁大学的克雷顿·奥尔德弗（Clayton Alderfer）在马斯洛提出的需要层次理论的基础上，进行了更接近实际经验的研究，补充了马斯洛需要层次理论的不足，提出了一种新的人本主义需要理论。奥尔德弗认为，人有 3 种基本需要，即生存（existence）需要、相互关系（relatedness）需要和成长发展（growth）需要，这一理论被称为 ERG 理论。

①生存需要，是指人全部的生理需要和物质需要。组织中的报酬、工作环境和工作条件等都和这种需要有关。这一类需要与马斯洛提出的生理和安全需要大体对应。

②相互关系需要，即指人们对于保持社会关系的需要。对这种需要的满足是在与其他需要的相互作用中达成的，它们与马斯洛的友爱和归属需要、尊重需要分类中的外在部分是相对应的。

③成长发展需要，表示个人谋求发展的内在愿望，包括马斯洛的尊重需要分类中的内在部分和自我实现需要。

与马斯洛理论不同的是，奥尔德弗的 ERG 理论还表明了，人在同一时间可能有不止一种需要起作用；如果较高层次需要的满足受到抑制的话，那么人们对较低层次的需要的渴望会变得更加强烈。ERG 理论并不认为各类需要层次是刚性结构，而是认为多种需要可以同时作为激励因素起作用。

此外，ERG 理论提出了"受挫—回归"的思想，即当满足较高层次需要的意图受挫时，会导致人们向较低层次需要的回归。因此，管理措施应该随着人的需要结构的变化而做出相应的改变，并根据每个人不同的需要制定出相应的管理策略。

（2）过程型激励理论。过程型激励理论着重研究人从产生动机到采取行动的心理过程，它的主要任务是找出对行为起决定作用的某些关键因素，弄清它们之间的相互关系，以预测和控制人的行为。

过程型激励理论表明，要使成员出现组织期望的行为，须在成员的行为与成员需要的满足之间建立起必要的联系。

过程型激励理论主要有弗鲁姆的期望理论、劳勒的期望模式、洛克的目标设置理论以及亚当斯的公平理论等。

1）维克托·弗鲁姆（Victor H. Vroom）在 1964 年提出的期望理论认为，人们采取某项行动的动力或激励力，取决于其对行动结果的价值评价和对达成该结果可能性的估计。也就是，激励力的大小取决于：该行动所能达成目标并能导致某种结果的全部预期价值，乘以认为达成该目标并得到某种结果的期望概率。

用公式可以表示为：

$$M = \sum V \cdot E$$

M代表动机激发力量（motivational force），是指个人所受激励的程度。

V代表效价（valence），是指个人对自己所要采取的行动将会取得的某一成果或目标的偏爱程度，是个体对这一成果或目标有用性的主观估计。由于每个人所处的环境不同、需求不同，他们对同一目标的效价评估也就不同。同一个目标对每个人都可能有3种效价：如果个人喜欢其结果，则为正效价；如果个人漠视其结果，则为零效价；如果不喜欢其结果，则为负效价。效价越正面，激励力量就越大。

E代表期望（expectancy），是指某一特定行动将会导致预期成果或目标的概率，即个人据其经验对自己所采取的行动达成某种预期成果或目标可能性的主观估计。

目标价值的大小直接反映人需要动机的强弱，期望概率的高低反映人实现需要和动机的信心强弱。具体而言，当组织成员认为努力会带来良好的绩效评价时，他就会受到激励，进而付出更大的努力；良好的绩效会带来组织奖励，组织奖励则会满足组织成员的个人目标。

根据期望理论，管理者应通过奖励满足组织成员较为迫切的需要，因为这种奖励对组织成员来说效价较高。同时，要为组织成员提供必要的工作条件和工作上的指导，提高组织成员完成工作的信心。

2）爱德华·劳勒（Edward E. Lawler）的期望模式是对弗鲁姆期望理论的发展。劳勒的期望模式将期望分为努力导致绩效的期望（E→P）和绩效导致成果的期望（P→O）两类。

个人努力的程度等于努力导致绩效的期望值、绩效导致成果的期望值以及成果对个人的吸引力这三者的乘积。

用公式表示如下：

$$E=(E\rightarrow P)\sum[(P\rightarrow O)V]$$

E，表示个人的努力。

P，表示工作绩效（组织目标）。

O，表示成果（个人目标）。

V，表示成果对个人的吸引力。

（E→P），表示个人对努力导致绩效的期望值。

（P→O），表示个人对绩效导致成果的期望值。

3）目标设置理论是美国心理学家爱德温·洛克（Edwin A. Locke）在1967年提出的。

目标设置理论认为，目标本身就具有激励作用，能把人的需要转变为动机，使人们的行为朝着一定的方向努力，并将自己的行为结果与既定的目标相对照，及时进行调整和修正，从而实现目标。

目标设置理论模式可以理解为由 3 个部分组成，即"努力""绩效"和"满意度"。

①如果实现目标轻而易举，就不会激发人的奋发精神；如果目标高不可攀、力不能及，也会使人望而生畏。只有目标意义明确、适度，才能使人的努力有方向，便于及时修正行为。

②组织成员向目标的努力、组织支持和个人能力共同影响组织成员绩效。

③组织根据绩效提供给组织成员相应的内在和外在奖励，从而最终决定了组织成员的满意度。

4）美国心理学家约翰·斯塔希·亚当斯（John Stacey Adams）于 1965 年提出了公平理论。

公平理论认为组织成员的激励程度来源于对自己和参照对象的报酬和投入比例的主观比较感觉。即个人不仅关心自己经过努力获得的报酬的绝对数量，也关心自己的报酬和其他人报酬相比的相对数量，人们的这种对公平与否的判断会对工作积极性产生影响。

人们进行比较的方式有两种，一种比较称为横向比较，另一种比较称为纵向比较。

①横向比较。所谓横向比较，即组织成员将自己获得的"报酬"（包括金钱、工作安排以及获得的赏识等）与自己的"投入"（包括教育程度，所做努力，用于工作的时间、精力和其他无形损耗等）的比值与组织内其他人进行比较，只有相等时才认为公平。

用公式表示如下：

$$OP/IP=OC/IC$$

OP，表示自己对所获报酬的感觉。

OC，表示自己对他人所获报酬的感觉。

IP，表示自己对个人投入的感觉。

IC，表示自己对他人投入的感觉。

当横向比较的结果为不等式时，可能出现以下两种情况。

一是公式左侧小于右侧。组织成员可能要求增加自己的报酬或减少自己今后的努力程度，以便使左侧增大，公式趋于相等；第二种可能是要求组织减少比较对象的报酬或让其今后增大努力程度以便使右侧减少，公式趋于相等。此外，组织成员还可能另外寻找比较对象以达到心理上的平衡。

二是公式左侧大于右侧。组织成员可能要求减少自己的报酬或自动多做些工作，久而久之他会重新估计自己的技术和工作情况，最终觉得他确实应当得到那么高的待遇，于是产量便又会回到过去的水平。

②纵向比较。所谓纵向比较，即组织成员把自己目前投入的努力与目前所获得报偿的比值，同自己过去投入的努力与过去所获报偿的比值进行比较，只有相等时才认为公平。

用公式表示如下：

$$OP/IP=OH/IH$$

OH，表示自己对过去所获报酬的感觉。

IH，表示自己对个人过去投入的感觉。

当公式左侧小于右侧时，个人也会有不公平的感觉，这可能导致工作积极性下降。

当公式左侧大于右侧时，个人不会因此产生不公平的感觉，但也不会感觉自己多拿了报偿从而主动多做些工作。

（3）强化型激励理论是美国心理学教授伯尔赫斯·弗雷德里克·斯金纳（Burrhus Frederic Skinner）提出的。斯金纳认为只要刺激控制人的外部环境中的两个条件，就能控制引导人的行为。

这两个条件是，在行为产生前确定一个具有刺激作用的客观目标，在行为产生后根据工作绩效给予奖惩。一般来说，强化有两种：正强化和负强化。

1）正强化。正强化又称积极强化，它是指当人们采取某种行为时，能得到某种令其感到愉快的结果，这种结果反过来又成为推进人们趋向或重复此种行为的力量。例如，组织用某种具有吸引力的结果（如奖金、休假、晋级、认可、表扬等），来表示对组织成员努力工作的肯定，从而增强组织成员进一步努力工作的行为。

2）负强化。负强化又称消极强化。它是指通过某种不符合要求的行为所引起的不愉快的后果，对该行为予以否定。若组织成员能按所要求的方式行动，就可减少或消除令人不愉快的处境，从而也增大了成员符合要求的行为重复出现的可能性。例如，管理人员告知组织成员不遵守规章制度就要受到批评，于是组织成员为了避免此种不期望的结果而认真执行规章制度。负强化可以从两个层面来理解：自然消退和惩罚。

自然消退。自然消退又称衰减，它是指对原先可接受的某种行为强化的撤销，即在一定时间内不予强化，重复某种行为的动力将逐渐消退。例如，组织曾对组织成员加班加点完成生产定额给予奖酬，后经研究认为这样不利于组织成员的身体健康和组织的长远发展，因此不再发给奖酬，加班加点的职工逐渐减少。

惩罚。惩罚即在消极行为发生后，以某种带有强制性、威慑性的手段（如批评、行政处分、经济处罚等）给人带来不愉快的结果，或者取消现有的令人愉快和满意的条件，以表示对某种不符合要求的行为的否定。

5. 领导者与组织行为

领导者是组织中具有影响力的人，可以是组织中拥有确定职位、对管理活动有决定权的主管人员，也可以是没有确定职位的权威人士。领导行为是领导者运用权力或权威对组织成员进行引导或施加影响，以使组织成员与领导者一道去实现组织目标的行为过程。

（1）领导特质理论。领导特质理论，又称为领导素质理论，其主要研究的是领导者应具备的素质。特质是指一个人特有的性质或品质，领导特质理论是所有领导理论中最古老的一种理论，是其他领导理论提出的基础。

1）早期领导特质理论。早期的领导特质理论基本上都是从静态的角度进行研究的，他们的理论主要建立在这样的假设上，即领导特质是生而具有的，天生不具备领导特质的人就不能当领导。

早期的学者对领导者个人特质的分析可以概括为六大因素，分别是身体要素、能力要素、业绩要素、责任要素、参与要素和性格要素。他们采用心理测验来评价领导者的特质。

2）鲍尔的领导特质论。麦肯锡咨询企业创始人之一马文·鲍尔（Marvin Bower）在他1997年出版的著作《领导的意志》中，提出领导者必须养成以下14种品质，即值得信赖、办事公正、举止谦逊、善于倾听、心胸宽阔、对人敏锐、对形势敏锐、进取、卓越的判断力、宽宏大量、灵活性和适应性、稳妥而及时的决策能力、激励人的能力、紧迫感。

3）鲍莫尔的领导特质论。普林斯顿大学威廉·杰克·鲍莫尔（William Jack Baumol）教授认为，一个领导者应该具备的合格条件有：合作精神，即善于与人合作，愿与他人共事，对人不是压服，而是感动和说服；决策能力，即依赖事实而非想象进行决策，高瞻远瞩；组织能力，即能发掘员工的才能，善于组织人力、物力和财力；精于授权，即能大权独揽，小权分散；善于应变，即机动灵活、善于进取，而不墨守成规；勇于求新，即对新事物、新环境和新观念有敏锐的感受能力；勇于负责，即对上级、下级、产品用户及整个社会抱有高度的责任心；敢担风险，即敢于承担组织发展不景气的风险，有创造新局面的雄心和信心；尊重他人，即重视和采纳别人的意见，不盛气凌人；品德高尚，即品德上为社会人士和组织成员所敬仰。

（2）领导行为理论。领导行为理论是研究领导有效性的理论。领导才能和他人追随领导者的意愿都是以领导方式为基础的，所以许多学者将研究方向从研究领导者的内在特征转移到研究领导者的外在行为上，这就形成了领导行为理论。

1）俄亥俄州立大学的研究。美国俄亥俄州立大学以国际收割机企业的一家卡车生产厂为调查对象进行了领导方式的比较研究，其将领导方式分为两个维度，即关怀维度和定规维度。

关怀维度代表领导者与组织成员之间以及领导者与追随者之间的关系，如相互信任、相互尊重、友谊和关怀，即领导者信任和尊重下属的观念程度。

定规维度代表领导者构建任务、明察群体之间的关系和明晰沟通渠道的倾向，或者是为了达到组织目标，界定和构造自己与下属的角色的倾向程度。

研究表明，一个领导者的行为在不同的维度中可以出现很大的变化。领导者在不同维度中的位置，可以通过对两种维度的问卷调查进行测量。经过测量、分析，领导者一般可以分为4种基本类型，即高关怀—高定规、高关怀—低定规、低关怀—高定规、低关怀—低定规。

2）密歇根大学的研究。密歇根大学研究领导行为的两个概念化维度，一是以生产为中心的行为，二是以组织成员为中心的行为。

其中，以生产为中心的领导者关注任务，强调工作技术或任务事项，并把成员视为达到目标的手段；以组织成员为中心的领导者重视人际关系，总会考虑到下属的需要，承认人与人之间的不同，并把对工作单位中社会方面的强烈关注和高绩效期望结合起来。

密歇根大学的研究结论对以组织成员为中心的领导者十分有利。以组织成员为中心的领导者会与高群体生产率和高工作满意度联系在一起，而以生产为中心的领导者则与低群体生产率和低工作满意度联系在一起。

3）管理方格理论。管理方格理论是研究组织领导方式及其有效性的理论，由美国得克萨斯大学的行为科学家罗伯特·布莱克（Robert R. Blake）和简·莫顿（Jane S. Mouton）在1964年出版的《管理方格》一书中提出，书中还倡导用管理方格图表示和研究领导方式。

管理方格图是一张纵轴和横轴各9等分的方格图，纵轴表示组织领导者对人的关心程度（包含了组织成员对自尊的维护、基于信任而非基于服从来授予职责、提供良好的工作条件和保持良好的人际关系等），横轴表示组织领导者对工作的关心程度（包括政策决议的质量、程序与过程、研究工作的创造性、职能人员的服务质量、工作效率和产量），其中，第1格表示关心程度最小，第9格表示关心程度最大，如图2-2所示。

"1.1"方格表示对人和工作都很少关心，这种领导必然失败。

"9.1"方格表示重点放在工作上，对人很少关心。领导者权力很大，完全指挥和

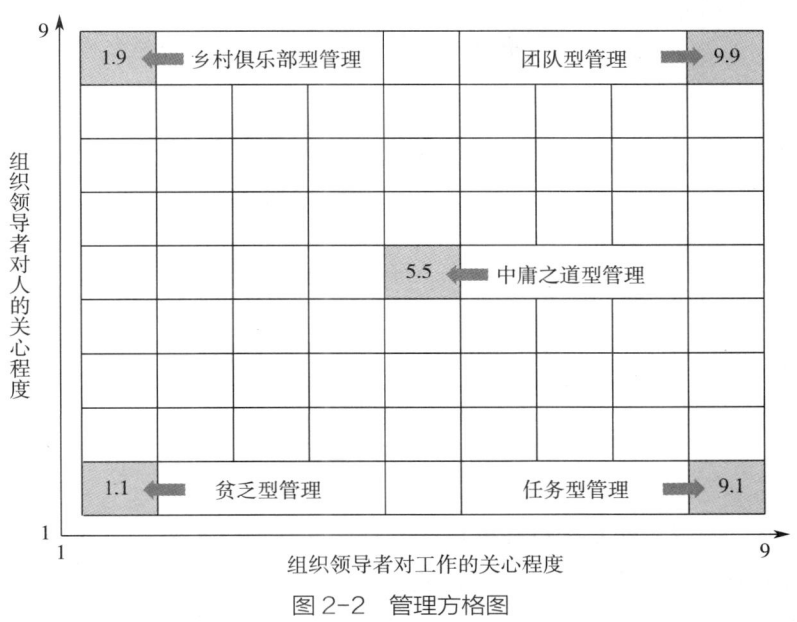

图 2-2　管理方格图

控制下属活动，而下属只能奉命行事，不能发挥积极性和创造性。

"1.9"方格表示重点放在满足组织成员的需要上，而对指挥监督、规章制度却重视不够。

"5.5"方格表示领导者对人的关心和对工作的关心保持中间状态，只求维持一般的工作效率与士气，不积极促使下属发扬创造革新的精神。

只有"9.9"方格表示领导者对人和工作都很关心，能使组织成员的需要和工作两个方面最理想、最有效地结合起来。

4）PM 理论和 CPM 理论。20 世纪 60 年代，日本学者三隅二不二在吸取前人研究成果的基础上，提出了著名的 PM 理论。该理论也是从两个维度来分析领导行为的，在形式上与俄亥俄州立大学的研究相似，但是其将群体作为一个整体来研究领导行为和群体行为。该理论认为，群体具有两种功能，一种功能是实现群体的特定目标，即绩效（performance），用 P 表示，另一种功能是改善群体自身的正常运转，即维持（maintenance），用 M 表示。

PM 理论认为，领导者的作用就在于执行这两种群体机能。因此，领导者的行为也就包括这两个因素。

不论 M 因素多么强，也总包含着某种程度的 P 因素，同样的道理，不管 P 因素多么强，也总包括 M 因素。此外 P 和 M 两方面都强或两方面都弱的情况也是存在的。参照管理方格理论的思想，如果以 P 为横坐标，M 为纵坐标，并在 P 和 M 坐标中点各画一条线，就可划分出 PM、Pm、pM、pm 4 种领导类型，具体如图 2-3 所示。

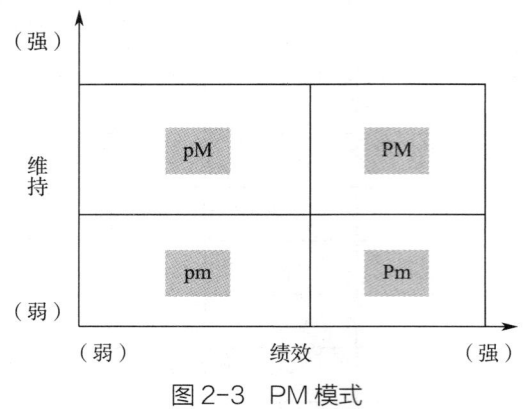

图 2-3　PM 模式

三隅二不二运用多种方法对各种行业的各层领导进行了多年研究，并以企业的生产性指标和员工的士气性指标进行了检验，获得了关于 PM 理论四类型领导效果的基本一致性结果：PM 型最好，Pm 型和 pM 型居中，pm 型最差。

凌文辁等人在将日本学者三隅二不二的 PM 理论标准化的过程中，发现除了 P 和 M 两因素外，中国人对领导的期望还包括一个重要的因素"德"，即个人品德 C（character and moral）。

P 和 M 因素反映着领导的共性，而 C 因素则反映领导的个性，即文化特异性。CPM 模式的领导概念是基于"组织机能"提出的。其动力就在于它推动组织机能的执行，即实现组织目标，维系组织生存与发展。

CPM 领导动力学模式示意图，如图 2-4 所示。

P 因素发挥完成团体目标的机能作用，M 因素发挥维系和强化团体的机能作用，C

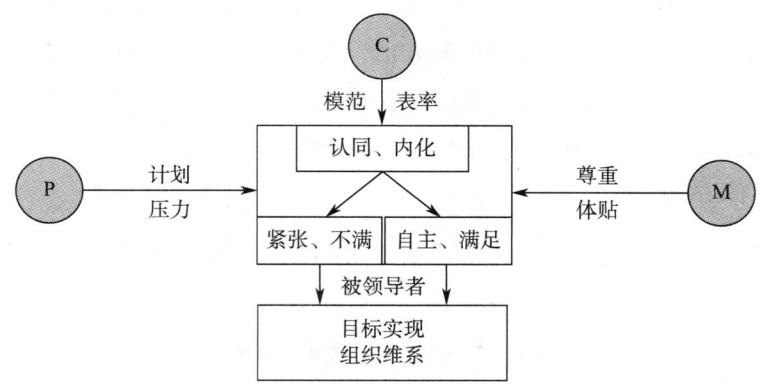

图 2-4　CPM 领导动力学模式示意图

因素起着一种模范表率的作用。

总而言之，C、P、M 3种机能分别起着不同的作用，P是对工作，M是对他人，C是对自己。一个领导者只有正确地处理好对工作、对他人、对自己的关系，才能最大限度发挥领导作用，收到良好的领导效果，领导效果是C、P、M 3个因素的乘积。

（3）领导权变理论。继领导特质理论和领导行为理论提出后，很多学者都认识到任何一个组织的领导者都应该根据环境的变化而随机应变。于是诞生了领导权变理论，该理论的基本观点是，在不同的情境中，不同的领导行为会产生不同的效果，所以该理论又被称为领导情境理论。

1）费德勒权变理论。心理学家弗雷德·费德勒（Fred E. Fiedler）于1962年提出了"有效领导的权变模式"，即费德勒模式。

为了对领导风格进行测量，费德勒设计了最难共事者量表，该量表通过测量某人是偏向任务导向还是关系导向从而测量领导风格。最难共事量表要求受试者回忆他们曾经共事的所有同事，并且描述他们最不喜欢与之共事的人，按照16对意义相反的形容词对此人进行分数为1~8分的评价，越偏向褒义词，得分越高。若得分较高，则说明受试者属于关系导向型；若得分较低，则说明受试者属于任务导向型。

费德勒认为影响领导者风格的环境因素有三方面，即职位权力、任务结构和上下级关系。职位权力由领导者对下属拥有的实权所决定，领导者拥有这种明确的职位权力时，则组织成员将会更顺从他的领导，有利于提高工作效率。任务结构是指工作任务明确程度和有关人员对工作任务的职责明确程度，当工作任务本身十分明确，组织成员对工作的职责也明确时，领导者对工作过程就更容易控制，整个组织完成工作任务的方向就更加明确。上下级关系是指下属对一位领导者的信任、爱戴和拥护程度，以及领导者对下属的关心、爱护程度，这一点对履行领导职能是很重要的，因为职位权力和任务结构可以由组织控制，而上下级关系是组织无法控制的。

费德勒把影响领导风格三因素的每一变数分成两种情况，即上下级关系好与差，任务结构明确与不明确，职位权力强与弱，据此可组合成8种情境。

费德勒认为，在十分有利和十分不利的情境中，任务取向的领导者工作得更好；在中度有利或不利的情境中，关系取向的领导者工作得更好。同时，组织要提高领导效果，一是要试图改变领导者的个性或替换领导者以适应情境，二是要改变情境以适应领导者。

2）领导生命周期理论。领导生命周期理论是由保罗·赫塞（Paul Hersey）和肯·布兰查德（Ken Blanchard）发展的，他们认为领导者的风格应适应下属的"成熟度"，对不同"成熟度"的组织成员采取的领导方式应有所不同。

所谓"成熟度",是指人们对自己的行为承担责任的能力和愿望的大小。它取决于工作成熟度和心理成熟度两个要素。工作成熟度包括一个人的知识和技能,工作成熟度高的人拥有足够的知识、能力和经验完成工作任务而不需他人指导。心理成熟度是一个人做某事的意愿和动机,心理成熟度高的人不需要太多的外部激励,而是靠内部动机激励。

赫塞和布兰查德在管理方格图的基础上,根据组织成员"成熟度"的不同,将领导方式分为4种,即命令式、说服式、参与式和授权式。

①命令式,表现为高工作、低关系,即领导者对下属进行分工并具体指点下属应当干什么、如何干、何时干,它强调直接指挥。此时,下属缺乏接受和承担任务的能力和愿望,既不能胜任又缺乏自觉性。

②说服式,表现为高工作、高关系。即领导者既对下属进行一定的指导,又注意保护和鼓励下属的积极性。此时下属愿意承担任务,但缺乏足够的能力,有积极性但没有完成任务所需的技能。

③参与式,表现为低工作、高关系。即领导者与下属共同参与决策,领导者着重为下属提供支持并加强其内部的协调沟通。此时,下属具有完成领导者所交给任务的能力,但没有足够的积极性。

④授权式,表现为低工作、低关系。即领导者几乎不加指点,由下属独立开展工作,完成任务。此时,下属能够而且愿意做领导者要他们做的事。

根据下属成熟度和组织所面临的环境,领导生命周期理论认为随着下属从不成熟走向成熟,领导者不仅要减少对活动的控制,而且也要减少对下属的帮助。当下属成熟度不高时,领导者要给予明确的指导和严格的控制;当下属成熟度较高时,领导者只需给出明确的目标和工作要求,工作可以由下属自我控制和完成。

3)路径—目标理论。路径—目标理论是由多伦多大学教授罗伯特·豪斯(Robert J. House)于1971年提出的一种领导行为的权变模式。该理论认为领导者的工作是帮助下属达到他们的目标,并提供必要的指导和支持,以确保各自的目标与群体或组织的总体目标相一致。领导者的工作效率是以其能激励下属达到组织目标并使下属在工作得到满足的能力来衡量的。

根据该理论,领导方式可以分为以下4种,即指示型领导方式、支持型领导方式、参与型领导方式以及成就指向型领导方式。

①指示型领导方式。领导者对下属提出要求、指明方向,为下属提供应得到的指导和帮助,使下属能够按照工作程序去完成自己的任务,实现自己的目标。

②支持型领导方式。领导者对下属友好,平易近人、平等待人,与下属关系融洽,

关心下属的生活。

③参与型领导方式。领导者经常与下属沟通信息、商量工作，虚心听取下属的意见，让下属参与决策和管理。

④成就指向型领导方式。领导者树立具有挑战性的组织目标，激励下属想方设法去实现目标，迎接挑战。

三、人力资源管理与管理沟通

管理沟通对于组织文化的塑造和组织目标的实现具有重要作用。管理沟通也是人力资源管理中的基础环节，是协调组织成员关系的重要手段。良好的管理沟通具有鼓舞员工士气，促进组织效能提升的作用，能够辅助管理者对人力资源进行更好的控制。

1. 管理沟通概述

管理沟通指为了实现特定的目标，组织的领导者在行使管理权力、实现管理职能的过程中，开展的规范性、计划性的沟通活动和沟通行为。管理沟通是领导者实现管理目标的重要方式，它以组织目标为主导，以管理职责、管理职能为基础，以计划性、规范性、职务活动性为基本特征。

管理沟通作为管理活动中的沟通，具有一定的特殊性。首先，管理沟通作为管理工作的一部分，其不仅是一种沟通的方式，更是实现管理目标的重要手段。其次，管理沟通不同于一般的沟通行为，其具备更加严格的计划性和规范性，是组织内的信息交流、观点碰撞、意见交换、情感拉近等行为，是始终受组织目标指导同时又推动其实现的管理活动。最后，管理沟通作为现代组织信息活动与交流的方式，不能简单表现为一种单一的活动，而更是一种制度化的建设需求，是对组织结构和组织体制建设的要求。

在企业中管理沟通的作用一般包含3个方面：有助于改进个人作出的决策；能促使企业员工协调有效地工作；能有效激励员工，提升其工作热情，评价其工作能力，改善其工作绩效。

管理沟通一般有正式沟通、非正式沟通、上行沟通、下行沟通、平行沟通、单向沟通、双向沟通、口头沟通、书面沟通等形式。

（1）正式沟通，指通过制度与明文规定的渠道进行信息传递或交流。

（2）非正式沟通，指在正式沟通之外进行的信息传递或交流。非正式沟通多起到为正式沟通提供补充的作用，用于表达真实思想和动机，其信息传递快、不受限制。

（3）上行沟通，指下级的观点、意见、信息向上级反映。

（4）下行沟通，指高层和管理层自上而下进行的信息、命令、情报等内容的沟通。

（5）平行沟通，指同一部门的上级、下级或同级人员之间的直接沟通。

（6）单向沟通，指以报告、指示、演讲等形式表达个人意见、观点等内容。单向沟通信息传递速度快、效果好，但信息传递的准确性得不到保证。

（7）双向沟通，指以交谈、协商、会谈等形式进行的沟通。双向沟通信息传递更加准确，可以确保信息在双方之间得到准确的解释，但速度较慢。

（8）口头沟通，指通过个体之间的言谈，或通过打听、询问来了解其他人的情况，也可以通过委托他人向第三者传达自己的意见等。口头沟通可以迅速、充分交换彼此的意见，能够当面提出或回答问题。

（9）书面沟通，指以文字、图片等较为正式的表现形式来实现沟通的方式。书面沟通传递的信息一般较为正式，可以作为文件、档案保存，比口头沟通更详细、更严谨。

管理沟通可以通过4种方法实现：发布指示，即上级以指示的形式指导工作；会议沟通，即会议使个体更加了解共同的目标，明确责任和义务；个别交谈，即灵活的管理沟通，可及时纠正沟通对象的工作问题；沟通网络，即对各种沟通形式的概括，包括链式、圆周式、轮式和"Y"式。

2．纵向与横向沟通

（1）纵向沟通。纵向沟通是根据企业责权分配的管理层级结构而建立的，用以指挥、命令、执行、反馈的信息系统。它的职能包括下向沟通与上向沟通。

1）下向沟通。下向沟通指企业内高层管理机构和职能人员逐级或越级向下级机构和职能人员（甚至直至生产作业员工）进行的信息传输。在下向沟通的各个环节要对信息加以分解并使之具体化。管理人员在进行下向沟通时，应当掌握并运用以下技巧。

①传达命令时的技巧有：态度和善、语言礼貌，给下属提出疑问的机会，引导下属认识到命令的重要性。

②批评下属时的技巧有：尊重客观事实，选择恰当的场合，恰当运用赞美。

③赞扬下属时的技巧有：以诚相见，由衷赞美；及时赞扬；不因事小放弃赞扬。

④掌握其他增强日常沟通能力的技巧，如换位思考和细节沟通。

2）上向沟通。上向沟通是指下级机构、人员向上级机构、人员反映、汇报情况，提出建议或意见。上向沟通的信息应逐层集中，在各环节进行综合，然后再向上一级传输。在上向沟通渠道中，应建立员工的申诉制度，作为企业奖惩、考核制度的有机组成部分。下级与上级沟通时要讲究方法，学会运用以下技巧：选择恰当的时机，灵活运用事实数据，预测质疑、准备答案，突出重点、简明扼要。

（2）横向沟通。横向沟通又叫作平行沟通，是指企业内部依据具体分工，在层级相同或相当的职能业务人员或机构、个人或团体之间所进行的信息传递和交流。横向沟通可以简化办事程序和手续，节省时间，提高工作效率。

横向沟通可以使企业各个部门之间相互了解，有助于培养整体观念和合作精神，克服本位主义倾向，使员工互谅互让，培养员工之间的友谊，满足其社会需要，还能够提高员工工作兴趣，改善其工作态度。但这种沟通也有头绪过多、信息量大、易于造成混乱的弊端。

1）横向沟通模型。企业内部的横向沟通，一般有退缩型、侵略型和积极型三种模型可供选择，每一种模型均具有其独特之处。

2）企业各部门及员工之间的横向沟通应注意掌握以下技巧。

①从工作出发。如果需要沟通，一定是自己感到对方对正在进行的工作不够重视，或是对上级的安排理解不透彻，妨碍工作顺利进行。因此，沟通一定要着眼于工作，因工作产生误会而进行的沟通也是为了工作能够顺利进行。

②遵循"内部客户"理念。该理念认为下一个工作环节的员工就是本工作环节的内部客户，要用对待外部客户的态度和热情去服务内部客户。

③遵循制度和流程。如果正在进行的工作遇到了阻碍，应按照制度和流程查找问题出现的环节及此环节的负责人。沟通应发生在自己与此环节负责人之间，而不是找不相干的人进行沟通，否则会让其他人觉得是在无事找事，耽误工作时间。

④征询意见。与对方沟通一定要注意虚心听取对方的意见，了解对方不配合的原因或存在的困难。听取对方意见时，不宜随意打断对方，以免分散对方注意力，影响对方表达，同时要注意沟通过程要放低姿态，不可盛气凌人。

⑤赞美欣赏。要能够看到他人身上的优点，并及时给予赞美、肯定，对一些不足给予积极的鼓励，这是进行良好沟通的基础，只有懂得欣赏他人的人，才能获得他人的欣赏。

⑥善于倾听。善于倾听是提高亲和力的重要因素。当他人工作中出现问题并进行倾诉时，一定要认真倾听。善于倾听能够加深人与人之间的情感。

⑦切忌指责。指责是恶性冲突的导火线，是人际关系的大忌。在工作过程中，难免会出现错误和产生问题，这时不能仅仅指责和埋怨他人，将责任一味地推给对方，而要做到互相谅解、彼此适应，寻求解决问题的有效途径。

⑧求同存异。员工之间由于职责不同和经历、立场等方面的差异，对同一个问题

往往会产生不同的看法，难免会引起一些争论，产生矛盾和冲突。所以，在沟通过程中要坚持求同存异的原则，不一定要完全说服对方，只要确保工作能够正常进行就可以。因此，与他人的意见产生分歧时，不要过分争论，应努力寻求彼此之间的共识，争取求同存异。

3. 绩效沟通

绩效沟通是指为了达到绩效管理的目标，企业管理者与员工之间、员工与员工之间进行的绩效信息发送、接收与反馈的过程。

在整个绩效管理过程中，它发挥着重大的作用。绩效沟通贯穿于企业绩效管理的全过程，是管理者与员工就绩效目标的设定及实现而进行的持续不断的双向沟通过程。

良好的绩效沟通可以使员工真正认识到自己的能力，从而明确如何发展自我，便于下一阶段绩效改进工作的展开。

绩效沟通是绩效管理的灵魂与核心，是最能产生效果的环节。绩效沟通指的是管理者要对员工的绩效表现进行打分，确定员工本周期绩效表现，然后根据结果，与员工做一对一、面对面的沟通，将员工的绩效表现通过正式的渠道反馈给他们，让员工对自己表现好的方面和不好的方面都有一个全面的认识，以便在下一个考核周期改进自己的工作方式，达到改善绩效的目的。

（1）绩效沟通的内容和目的。概括起来，绩效沟通的内容主要包括员工阶段工作目标达成情况，员工工作中表现好的地方及需要改进的地方，了解员工在工作中需要的帮助，让员工了解管理人员能为员工提供哪些帮助。

绩效沟通一般来说，至少要达成以下5个目的。

1）对员工的表现达成一致意见。
2）使员工认识到自己的成就和优点。
3）指出员工工作中需要改进的方面。
4）制订绩效改进的计划。
5）确定下一周期的绩效目标与标准。

（2）绩效沟通的准备。绩效沟通的准备包括企业应做的准备和员工应做的准备。

1）企业应做的准备包括确定沟通时间、选择合适地点、进行场所的布置、沟通资料准备、合理安排沟通内容。

①确定沟通时间。绩效沟通是一个双方进行沟通的过程，应尽量安排在双方都合适的时间段里。如果又安排了其他的事情，会影响双方精力集中度，从而影响沟通效果。

时间选择之后，主管人员应征询员工的意见。这样，一方面可以确定员工时间是否合适，有利于员工安排好自己的工作；另一方面，也可以显示出对员工的尊重。

②选择合适的地点。沟通的地点应选择安静不受干扰的地方，也应避免电话或访客的干扰。

③场所的布置。选择了合适的地点之后，场所的布置也十分重要。常见的绩效沟通场所布置方式如图2-5所示。

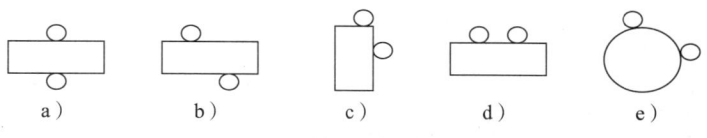

图2-5 绩效沟通场所布置

在图2-5a中，双方面对面坐着，目光直视，这样容易给员工造成心理上的压力，不利于员工充分表达自己的想法。

在图2-5b中，双方斜对面坐着，虽然可以在一定程度上缓和紧张气氛，但是缺少亲密感。

在图2-5c中，双方成直角坐着，这样既避免了目光直视造成的紧张感，有利于缓和面谈气氛，也有利于观察员工的表情和肢体语言。

在图2-5d中，双方并排而坐，亲密感强，有利于缓解员工的紧张心理，但对于非开放型性格的员工来说，可能会使他更加有拘束感，也不利于观察员工的表情和肢体语言等。

在图2-5e中，沟通是以一种圆桌会议的形式进行的，此种方式不会使员工压力过大，气氛也较严肃。

一般应采用图2-5c或图2-5e的方式来进行场所布置。

④沟通资料准备。在沟通之前，主管人员应当准备好所需的绩效评估表、员工的日常工作表现记录、岗位说明书、薪酬等级说明书等资料。

⑤合理安排沟通时间。由于具体工作性质和岗位的不同，绩效沟通管理者在和员工进行绩效沟通时，具体的内容一般会有较大的差别，但主要内容大致相同。在绩效沟通实施过程中，需合理安排各阶段的时间，详细流程安排如图2-6所示。

2）员工应做的准备。绩效沟通是一个企业与员工双向沟通的过程，只有双方都做好了充分的准备，绩效沟通才能有一个好的效果。进行绩效沟通之前员工应做的准备主要有：收集与上一周期绩效评估有关的文件、资料、数据等，准备向绩效沟通主管人员提出的问题，准备后期个人发展计划，安排好自己的现有工作。

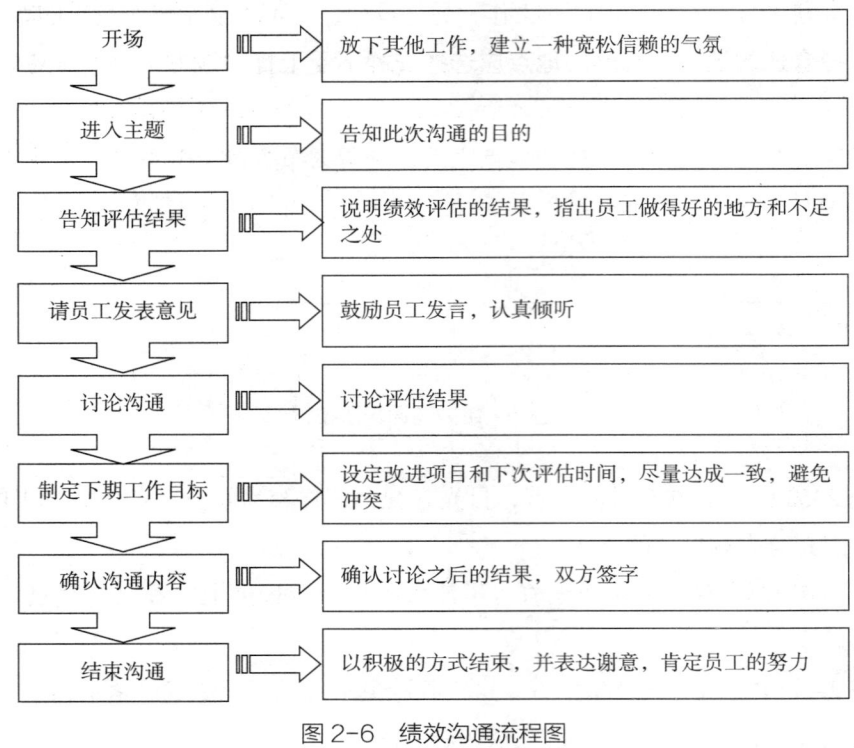

图 2-6 绩效沟通流程图

第二节 劳动力市场基本概念

一、劳动力市场概述

劳动经济学中,对于劳动力划分了3个层面的含义:一是指人所具备的劳动能力,二是指人具备劳动能力且从事相关劳动活动,三是指一个组织、一个区域或一个国家的劳动者的总和。

在市场经济环境下,劳动力市场交换的不是有劳动力的劳动者,而是劳动能力。劳动者进行交换的只是自身所具备的劳动能力,而不是自身,劳动者依然享有平等、自由、安全等基本权利。

劳动力市场是一种要素市场,是劳动力或者劳动服务进行交易和流通的市场。劳动力市场,是在市场经济条件下对劳动力这种最为重要的生产性资源进行有效配置的根本手段。它通过为劳动力供给和需要双方提供一个接触、谈判和交易的机制，以一定的工资率将劳动者配置在一定的工作岗位上。这种劳动力的配置不仅能满足个人的需要，而且能满足社会的需要。这种把劳动者配置在不同的工作岗位上并且协调就业决策的市场称为劳动力市场。

劳动力市场有微观和宏观两个层面的含义。从宏观角度来说，劳动力市场是由各种各样的局部或单一劳动力市场构成的一个总的劳动力市场体系。从微观的角度来看，劳动力市场实际上是特定类型的劳动力供求双方，以通过自由谈判达成劳动力使用权转让（或租借）合约时所存在的一种市场环境。从各市场经济国家的发展经验来看，一国的劳动力市场体系发育通常是一个渐进的过程，它往往是从单个的或局部的劳动力市场发育开始，逐渐扩散，最终形成一个统一的劳动力市场。

1. 劳动力市场的规则

劳动力市场的规则可以概括为公平规则、等价规则和合法规则。

（1）公平规则是指在劳动力市场中要公平竞争，反对歧视、欺诈、垄断等不正当竞争行为，在劳动力市场中劳动者有广泛的选择权，不能通过不正当的权力、金钱等手段对劳动者的选择权进行剥夺。

（2）等价规则是指劳动力供给和需求双方应等价交换，劳动者获得公平的工资，用人单位获得劳动能力。

（3）合法规则是指劳动者和用人单位之间的劳动关系应符合劳动法、劳动标准和政府有关制度。

2. 劳动力市场的构成要素

（1）劳动力市场的主体：劳动者和用人单位。

（2）劳动力市场的对象：劳动力是劳动力市场交换的对象。

（3）劳动力市场的中介：劳动力市场中用于交换的渠道。

（4）劳动力市场的交换过程：劳动力市场的主体通过双向选择，在进行沟通并签订契约后，完成劳动力市场交换的过程。

3. 劳动力市场的特点

（1）劳动力供求双方的关系比其他生产要素的关系更加复杂。因为其他生产要素市场的供求关系只发生在市场交换过程中，而劳动力供求双方在市场交换完成后，劳动力供求关系仍然存在。劳动力的需求方应当控制劳动力的供给，以达到购买的目的。

（2）劳动力不能被储存或报废，这是相比其他生产要素的不同之处，而且劳动者在脱离生产时依旧需要生存，这些是其他生产要素市场不具备的特点。

二、劳动力市场的分类

劳动力市场的分类理论在20世纪70年代初已被诸多学者提出,他们从不同角度出发,采用不同的研究方法,最终得出了几种不同的劳动力市场分类理论。总结起来,包括以下3种:主要劳动力市场和次要劳动力市场,高等教育程度的劳动力市场、垄断的劳动力市场和竞争的劳动力市场,内部劳动力市场和外部劳动力市场。

1. 主要劳动力市场和次要劳动力市场

这是关于劳动力市场的最主要的分类。这两种类型的劳动力市场根据工作岗位、工作环境和薪资加以区分,通常被称为主要和次要劳动力市场。主要劳动力市场的供应者由知识、技能和管理等方面的精英组成,他们基本上是企业的核心员工,基本没有失业的压力。一些大型企业、政府机构、公共部门等是这部分劳动力市场的雇主,这个市场没有竞争性。

次要劳动力市场的供应者包括大量非熟练工人、就业时没有特殊技能的工人和新进入劳动力市场的个人等,城市地区的非正式就业部门和正规部门的边缘岗位是他们的主要需求者。这个市场的主要特点是供过于求,工人工资低,没有在职培训的机会,没有晋升的机会。这个市场是竞争性的,价格机制是它的基本运行原则。

2. 高等教育程度的劳动力市场、垄断的劳动力市场和竞争的劳动力市场

高等教育程度的劳动力市场即该市场供应者的学历是本科以上;垄断的劳动力市场是由工会组织的市场,且雇员不需要高等学历;而竞争的劳动力市场中,市场提供工厂、竞争性企业中的普通职位,职位要求不高,供应者只需具有一般的文化素养和操作能力即可。

3. 内部劳动力市场和外部劳动力市场

内部劳动力市场是指劳动力的价格和分配由一系列管理规则和程序控制的市场,而外部劳动力市场是指市场经济变化会影响劳动力价格、分配等的市场。

三、劳动力市场相关理论

1. 劳动力市场理论

劳动力市场理论,又称人力资源市场理论,于20世纪70年代初期出现。劳动力市场理论的研究内容包括劳动力市场中的商品属性和该市场的特性、性质、运转调控制度等问题。

劳动力市场理论通过制度经济学的观点，分析出劳动力市场被划分成不同的部分并受到各种制度力量的影响。在劳动力市场划分的不同部分中，教育和工资之间的关系也是不同的。该理论认为，劳动力市场由两个不同的部分——主要劳动力市场和次要劳动力市场组成。不同层次的人会进入不同的劳动力市场，享受不同的福利待遇。主要劳动力市场提供大型知名企业、机构的专业岗位，工作稳定、工资偏高、晋升空间大、自由时间多；次要劳动力市场则提供一些小型不知名企业、机构的工作岗位，工作稳定性低，工资偏低，福利少。而且两个市场相对封闭，人员基本不互相流动，交流较少。

劳动力市场理论认为，教育与个人收入和个人生产力之间并不相关。个人的工资水平与所处的劳动力市场显著相关，个人在哪个劳动力市场工作与个人的性别、年龄及学历等有着明显的关系。在此环境中，教育只是决定一个人在哪个劳动力市场工作的重要因素之一，并不是唯一影响因素。人力资本理论和筛选假设理论中提到，教育和工资之间存在显著正相关，而劳动力市场理论认为，这只适用于主要劳动力市场，而不适用于次要劳动力市场。

2. 内部劳动力市场理论

企业内部存在的劳动力市场就是内部劳动力市场，其实也就是企业内部通过一系列管理规定对劳动力的价格和分配进行控制的市场。

1971年，美国经济学家彼得·多林格尔（Peter B. Doeringer）和迈克尔·皮奥里（Michael J. Piore）在研究分析以往学者的资料后，发表了著作《内部劳动力市场与人力资源管理》，首次明确提出了内部劳动力市场的概念，并且全面阐述了内部劳动力市场的起源、运行机制、基本特征等重要问题。书中指出存在两种劳动力市场，一种是木匠、手工等零散工作的市场，另一种是工业中的集体工作的劳动力市场。第一种市场直接被外部市场力量所调节、把控，第二种市场仅在初始雇佣阶段会被外部市场供求关系所影响，之后关于劳动者配置、薪酬福利等都是企业内部通过已定的规章制度来执行的，与外部市场不相关。实际生活中，企业内部劳动力市场占整个劳动力市场的80%左右。

内部劳动力市场不同于一般意义上的劳动力市场，它自身是一个管理组织，依靠管理程序进行运作而不是市场监管。因此刚性是它最明显的特征，比如管理规章制度的刚性、雇佣关系的稳定程度，薪酬福利及企业内部岗位设置或晋升的标准等。多林格尔和皮奥里从历史层面出发，研究内部劳动力市场形成的原因，认为内部劳动力市场产生和发展的3个重要因素是专业的人力资本或能力、在岗培训和习惯法。

在这一基础上，他们深入研究内部劳动力市场有关效益的问题。内部劳动力市场不同于其他市场，其将员工的就业安排与外部市场的竞争分离开来，所以效益状况较为复杂。一方面，增强对员工就业和晋升的保护，员工的整体福利待遇就会提高，但这可能会导致利润减少；另一方面，一个稳定的雇佣关系也会帮助企业降低由于员工频繁流动而产生的人员成本，包括相应的招聘、选拔和培训成本，从而增加企业的盈利。所以实际的效益将取决于以上两方面的相互协调程度，企业只有在抵消了员工造成的人工成本后仍有净盈余时，经营才是有效的。

第三节 人力资源服务的分类和主要内容

一、人力资源服务的概念

人力资源服务是指社会服务机构为人才和用人单位提供的相关服务，可有效促进人力资源优化配置与有效开发，其也通常被称为人力资源外包服务和人力资源第三方服务。人力资源服务外包是指企业在经营管理中为了降低人力资源管理成本并提高人力资源管理效率，将组织自身人力资源管理工作中的部分或全部的非核心工作交由专业的社会服务机构去完成。

人力资源服务有狭义和广义之分。狭义的人力资源服务等同于人力资源中介服务，主要指猎头公司、人才和劳动力市场提供的服务。猎头公司主要为高级人才提供服务，人才和劳动力市场主要为初、中级人才提供服务。广义的人力资源服务业由专业的人力资源咨询企业和能提供人力资源咨询的管理顾问企业组成，为企业提供战略层面和操作层面的服务。战略层面的服务包括人力资源规划、人员招聘、培训与发展、薪酬福利、绩效考核和岗位设置设计等服务内容；操作层面的服务是指人力资源咨询企业从事的常规事务性工作，主要包括为客户企业提供薪资福利管理、薪资福利数据的获得、能力评估等服务内容。

人力资源服务的内容可以分为人力资源招聘服务、高级人才寻访服务、人才测评服务、人力资源培训服务、人力资源咨询服务、劳务派遣服务、人力资源外包服务、人力资源管理信息化服务 8 类。

二、人力资源招聘服务

1. 人力资源招聘服务的概念

人力资源招聘服务是指人力资源服务机构为帮助用人单位招聘到合适的人才提供的确认招聘需求、发布招聘信息、选择招聘渠道、安排实施考核、进行背景调查、发送录用通知等一系列服务。

2. 招聘服务的业务类型

（1）网络招聘服务。网络招聘服务是指人力资源服务机构在中华人民共和国境内通过互联网等信息网络，以网络服务方式，为劳动者求职和用人单位招用人员提供的求职、招聘服务。

网络招聘服务包括为劳动者介绍用人单位、为用人单位推荐劳动者、举办网络招聘会、开展高级人才寻访服务、其他网络招聘服务五项业务。

（2）现场招聘会服务。现场招聘会是指在约定的时间和场地，组织用人单位和求职者进行洽谈、达成双向选择的人力资源交流活动。现场招聘会分为不定期招聘会和定期招聘会两种。

人力资源服务机构通过举办现场招聘会，使得用人单位和求职者之间可以面对面地进行交谈，节省了用人单位和求职者的时间。

大部分现场招聘会具有特定的主题，如"应届毕业生专场""研究生学历人才专场"或"IT类人才专场"等，通过这种对求职者毕业时间、学历层次、知识结构等的区分，可以使企业很方便地选择适合的专场设置招聘摊位进行招聘。

（3）代理招聘。代理招聘是人力资源服务机构为企业提供整体招聘解决方案，以快捷高效地为企业招募到所需人员。此项服务可满足企业需要，在短时间内批量招聘具备相似技能的求职者。

代理招聘这一方式主要通过强大的网络及报纸等资源平台，在规定的时间内为企业提供高质量的求职者，以帮助企业解决招聘人手短缺等问题。

（4）校园招聘服务。校园招聘是指由人力资源服务机构的招聘人员到学校直接招募企业所需人员的招聘形式。其主要具有招聘时间集中、招聘范围大、候选人专业多样化的特点。招聘对象基本是应届毕业生，相对于社会上有经验的求职者，他们一般具有可塑性较强、学习能力强、专业知识丰富等优势，但应届毕业生在工作经验、职业定位、职业规划等方面有不同程度的不足，因此企业多通过校园招聘招募一些专业技术人才及储备人才。

3. 人力资源招聘服务的特点

（1）线上线下良性互动，积极应用新技术。线下招聘服务正在和互联网形成良性互动，在线上发布信息、传递简历，在线下组织面谈、签订合同、办理入职。在信息和数字技术快速发展的今天，招聘服务业率先尝试与大数据和人工智能技术相结合。通过大数据技术，可以在招聘服务中精准识别高匹配度的职位候选人；通过人工智能技术，可以根据岗位要求筛选招聘简历，帮助提高效率、提升匹配度。

（2）投资并购形成新技术和新模式。随着招聘服务互联网革命向纵深发展，传统招聘网站不断感受到技术和模式创新带来的市场冲击和颠覆风险，他们在自身发展新技术的同时通过投资并购等方式实现新技术和新模式的战略布局，也实现了客户资源与新技术、新模式的互补与融合。

4. 人力资源招聘服务的作用

（1）优化企业招聘管理流程。由于招聘岗位的差异性，企业内部招聘在招聘渠道、招聘周期、人员测评、面试流程等方面会存在差异，导致特定的招聘流程在面对不同岗位招聘需求时会产生不同的结果。而招聘服务可以根据不同的招聘需求提供不同的招聘方案，企业将招聘流程外包后，可以进一步提高招聘的效率及质量。

（2）拓展企业外部招聘渠道。企业的招聘需求一般是通过外部招聘与内部推荐实现的，其在外部招聘渠道上的选择往往比较单一，在面对差异性较大的岗位招聘时，单一的招聘渠道往往很难发挥出良好作用。而招聘服务可以根据企业的招聘需求进行岗位分类，匹配适合的招聘渠道。企业通过将招聘外包，可以以市场化的手段，通过购买服务将企业招聘信息发布在特定的招聘平台上，从而提升招募人才的效率，最大限度提升招聘管理效能。

（3）提升企业人力资源配置有效性。企业在招聘过程中，会面对人才搜寻难度大、招聘周期长、人力投入与产出不成正比等问题。招聘流程外包后，企业可以依靠招聘服务来提升人力资源配置的弹性，减少在招聘方面的阻力，通过猎头公司也可以满足企业在关键人才等方面的开发储备要求。如企业可以通过将基础岗位招聘外包满足对非关键性岗位的用工需求，可以通过猎头公司进行关键人才的搜寻满足对高级人才的开发需求。

5. 招聘服务商业模式创新

（1）"招聘服务＋共享经济"。共享经济，一般是指拥有闲置资源的机构或个人将资源使用权有偿让渡给他人，让渡者获取回报，分享者通过分享他人的闲置资源创造价值的一种新的经济模式。

针对招聘服务而言，"招聘服务＋共享经济"即在一个共享的平台上，利用人工智能技术做好信息的筛选和匹配,之后再由资深人力资源工作者对筛选的结果进一步进行优化,增加简历评语和推荐信息。通过此种方式提升招聘的效率。

此种方式实质是通过利用共享人力资源工作者的方式调动社会闲置智力资源,解决招聘求职双方痛点,是共享服务在招聘领域的完美应用。

(2)"招聘服务+直播平台"。直播平台是近年来兴起的,利用互联网进行交流的一种新型的社交媒体。

直播平台吸取和延续了互联网的优势,用现场直播的方式,将产品展示、对话访谈、在线培训等内容现场发布到互联网上,利用互联网直观、快速、交互性强、不受地域限制、受众可划分等特点,加强活动的推广效果。现场直播完成后,还可以随时为观看者提供重播、点播功能,可有效拓展直播的时间和空间,发挥直播内容的最大价值。

这一方式也以其广泛的受众而受到人力资源服务机构的青睐,利用这一方式发布招聘信息,可以通过短视频、讲解等详细介绍企业概况及招聘职位信息,有助于求职者对企业及招聘职位有更多的了解,是目前流行的招聘方式。

三、高级人才寻访服务

1. 高级人才寻访服务的概念

高级人才寻访服务俗称"猎头"服务,是人力资源服务领域的新兴业务之一,属于人力资源服务的高端业务,通常是指为客户企业提供咨询、搜寻、甄选、评估、推荐并协助录用高级人才的一系列服务活动,是人力资源服务市场对高端人才进行市场化配置的重要业态。

需要注意的是,猎头公司、客户企业和受托人才是以围绕市场为主体,以猎头公司为桥梁,以契约关系为保障的三方互动互利的关系。具体的三方关系如图2-7所示。

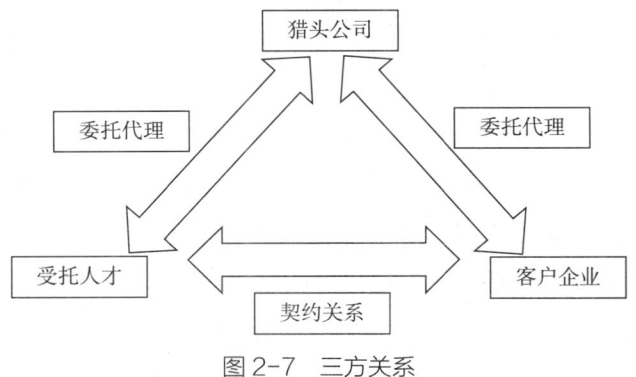

图2-7 三方关系

高级人才寻访服务就其社会意义而言，是调节整个社会中高端人才资源的再分配。如果从企业的角度来说，则是通过猎头公司寻访到企业所需求的人才，解决人力资源问题。其工作核心是解决招聘过程中信息不对称的问题。

随着全球经济一体化进程的加快，高层次人才在全世界范围内流动和配置的需求日益迫切，由此带来高级人才寻访业务的迅速发展。

2. 高级人才寻访服务的业务类型

（1）预付费模式。预付费模式是指在项目开始的前、中、后期分别收取服务费全款1/3的费用。这一方法通常在独家委托时使用，一般在寻访人才级别较高、候选人库中名额较少、客户企业希望低调进行招聘时采用。采用预付费模式的猎头公司一般为行业中声誉较高、综合能力较强的企业，他们对候选人的评估公正、客观，力求推荐最符合客户企业要求的候选人。

（2）按结果付费模式。按结果付费模式是指在项目成功完成后收取费用。目前大多数猎头公司均采用这一模式。如果对所招聘人员没有特殊要求或招聘方希望对更多的候选人进行挑选，一般采用这一模式。

在大多数情况下，客户企业会同时委托多家猎头公司进行招聘，最后对搜索到最合适候选人的猎头公司进行付费。由于这一模式中，招聘不成功或因战略调整取消职位，客户企业可以不用付费，有利于节约招聘方的成本，因此这也是在无特殊要求的情况下，客户企业较常采用的模式。

3. 高级人才寻访服务的特点

从宏观上看，高级人才寻访服务就是指猎头公司开展的对一些高级人才的招聘工作。

从微观上看，无论是猎头公司、高级人才，还是猎头服务本身，都会因猎头公司的市场定位、经营范围、收费模式等要素的不同而呈现出不同的特点。

（1）专业化与多元化。一方面，猎头公司的业务主要集中在互联网、金融、房地产、医药等领域，但具体来说很难有哪一个企业同时擅长这几个领域，往往是一家猎头公司专营一个领域，其提供的高级人才寻访服务呈现出专业化的特性。

另一方面，随着经济的发展和行业分工的日益细化，一些历史悠久，资金实力雄厚的猎头公司也开始涉足多个行业，在保证专业化的同时也提供更加多样化的猎头服务以赢得更多的市场。随着经济的进一步发展，各行各业之间的联系日益紧密，猎头公司的从业领域多元化已经成为必然的发展趋势。

（2）人才层次高。猎头公司的人才寻访服务对象一般分成顶级人才、高级人才和中级人才，有些猎头公司只负责猎聘知名企业中的董事会成员，而有的猎头公司则不仅负责猎聘顶级人才，还负责猎聘高级工程师和高级管理人才。猎聘对象如果是顶级人才，对成本、经验、能力、技术等的要求就愈加综合和复杂，对猎头公司资源掌控能力的要求就越高。根据所服务企业需求的不同，猎头公司猎聘的人才呈现出丰富的层次性，但都集中于较高的人才层次中。

同时，猎头行业所寻访的人才层次也随着时代的改变而发生变化。传统的猎头行业一般寻访的是高级人才，但随着社会的发展、传统猎聘市场的逐渐饱和以及能力、资源有限等原因，一些猎头公司已经将视线下移，猎聘服务对象有走向大众化的趋势。如近年来，一些猎头加大了对应届高校毕业生市场的开发力度，同时采取建立高级人才个人档案等手段，预先介入"猎物"的成长过程。

（3）合资为主。根据我国相关法律规定，外资猎头公司进入我国境内必须采用中外合资的形式。

目前我国的猎头公司绝大多数都属于中外合资企业，而内资企业在猎头行业不占主要地位，而且在经济全球化的今天，人才在全球范围内流动，合资企业中外资比例越来越大，导致猎头公司的竞争日益激烈。

（4）经营范围广泛。我国大多数猎头公司具有的合资性质，对于高级人才寻访服务本身来说是一种有利条件。在经济全球化的今天，不光是资本在跨国流动，人才更是在主动寻找更好的发展环境。自然而然的，合资属性猎头公司的经营范围就呈现出国际性，在更广阔的"视野"范围内寻找更加优秀的人才，开展高级人才寻访服务业务。

（5）预付定金为主。猎头公司的高级人才寻访服务收费方式一般分成两种类型，一种是猎头公司为客户企业提供相应候选人后，客户企业按猎头公司提供的候选人的情况付费；另外一种是先预付定金，猎头候选人成功就职后按照合同规定分期付费。

无论是第一种收费方式还是第二种收费方式，猎头公司收费的标准基本是按照聘用人员职位年薪的一定比例收费，而不同行业、不同岗位甚至不同时间的薪资标准都会有所不同或有波动。

一般而言，出于风险和成本因素的考虑，单独采用前一种收费方式提供高级人才寻访服务的猎头公司很少，大部分猎头公司提供服务都是采用先付定金，而后剩余部分在招聘过程中再依次付清的办法。

4. 高级人才寻访服务商业模式创新

（1）"高级人才服务 + 技术工具"。随着互联网技术的迅猛发展，网络猎头横空出世。网络猎头指的是利用网络技术开辟"平台 + 工具 + 顾问"的服务模式，该模式可以让用人企业与高级人才直接"面对面"，是一种传播速度更快、佣金更低、周期更短、推荐更精准的新型招聘方式。

近年来，随着人工智能技术的飞速发展，网络招聘工具也有了新的发展，诞生了垂直类招聘、移动社交招聘、大数据招聘、机器智能招聘等招聘模式，有效提高了高级人才寻访的效率。

（2）"高级人才服务+App"。App是指可以在移动设备上使用，满足人们咨询、购物、社交、娱乐、搜索等需求的第三方应用程序。

随着移动互联网时代的到来，移动互联网应用获得了迅猛的发展，也催生了大量的猎头寻访App，为猎头公司进行高级人才寻访提供了很大的便利。

四、人才测评服务

1. 人才测评服务的概念

人才测评服务是指人力资源服务机构通过科学的测评方法和手段对被测评人员的能力素质状况、个性特征、工作动机、职业兴趣和发展潜力等方面进行评估，以便为客户企业选人、用人提供一定的科学依据，也对被测评人员的能力和素质状况及其职业发展提供参考和建议。

2. 人才测评服务的范围

人才测评服务范围根据划分标准不同而不同，具体的人才测评服务范围如图2-8所示。

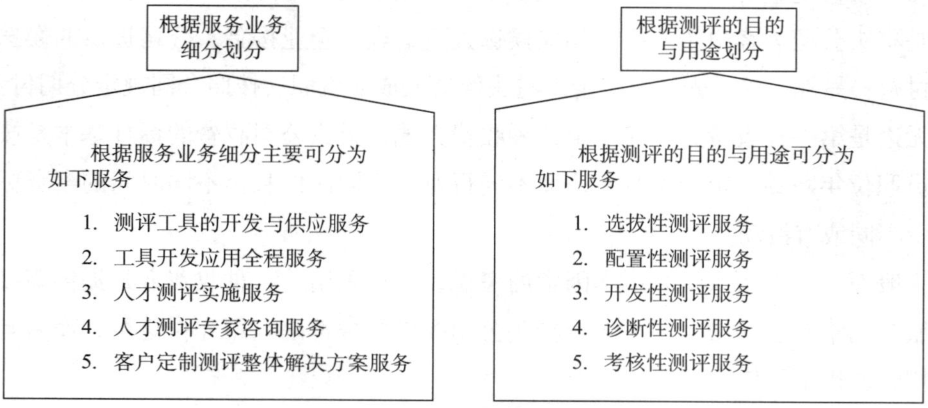

图2-8 人才测评服务范围

根据服务业务细分划分：根据服务业务细分主要可分为如下服务
1. 测评工具的开发与供应服务
2. 工具开发应用全程服务
3. 人才测评实施服务
4. 人才测评专家咨询服务
5. 客户定制测评整体解决方案服务

根据测评的目的与用途划分：根据测评的目的与用途可分为如下服务
1. 选拔性测评服务
2. 配置性测评服务
3. 开发性测评服务
4. 诊断性测评服务
5. 考核性测评服务

3. 人才测评服务的内容

人才测评服务主要是对被测评人的知识结构、个性特征、能力素质、工作业绩和工作资历等方面进行测评。因此，人才测评服务内容包括知识结构测评、个性特征测评、能力素质测评、工作业绩测评和工作资历测评。人才测评服务内容的具体说明如下。

（1）知识结构测评。知识结构测评是对人才知识构成情况的测评。知识结构包括专业基础知识、国家方针政策、法律法规相关知识、企业经营管理知识等。

（2）个性特征测评。个性特征测评包括以下几种测评：一是个性倾向性测评，包括对需要、动机、兴趣、理想、信念、价值观等的测评，进一步可引申为对人生观、价值观、择业观、社会观以及个人品德、职业道德、社会公德等的测评；二是个性心理特征测评，主要指对气质、性格等的测评。

（3）能力素质测评。能力素质测评包括对认知能力、职业技能、职业能力倾向性等的测评。

（4）工作业绩测评。工作业绩测评是对客户企业人员担当工作的结果或履行职务工作的结果进行的测评。工作业绩测评是对企业员工贡献程度的衡量，直接体现出员工在企业中的价值大小。常见的工作业绩指标包括企业的规模、投资收益率、市场占有率等。

（5）工作资历测评。工作资历测评是指对被测评人的具体工作经历、工作业绩、工作年限等情况进行的测评。

4．人才测评服务的作用

人才测评服务最主要的作用是为企业和个人进行决策时提供可靠、客观的依据和参考性建议。

（1）对企业的作用。对企业的作用包括两方面。一是配置人才资源，人力资源管理的基础建设是人才资源配置。而以往的人事管理由于人才考核技术的缺乏，人才资源缺少科学合理的配置，导致人才资源闲置、被遗忘和浪费，影响经济发展和行业发展。而当代人事管理借助人才测评服务，可对人力资源进行优化，实现最佳配置效果。二是推动人才开发，现代人才测评作为一种有效的途径和方法，为现代人事管理提供了相关信息，而正因为人才测评服务提供了大量的信息，因此它的作用不可忽视。通过现代人才测评服务，不但可以寻找优异且稀缺的人才，还能识别每个人的优点和缺点，对于其不足可以加强培训，以最大限度地发挥其潜力。

（2）对个人的作用。对个人的作用包括以下3个方面。

1）促进自我认知。人才测评服务可以帮助个人了解自己，分析自己的实际水平和个人爱好，对自己有深入的认识，从而更明确自己的职业选择和发展路径。

2）明确个人就业方向。个人可以和提供人才测评服务的机构建立有效沟通的渠道，服务机构可为个人提供科学合理的测评工具，通过测评结果，可以让个人明确最合适他的职业方向。

3）促进自我发展。人才测评服务可以使个人认识到自己的真实情况，了解自己的优缺点，从而能够接受有针对性的教育和培训，并在实践中尽可能地提高自身能力，努力实现自我发展。

五、人力资源培训服务

1. 人力资源培训服务的概念

人力资源培训服务是指人力资源培训服务机构受客户（组织或个人等）委托而为其提供的专业性培训服务。当下比较流行的人力资源培训服务主要包括职业技能鉴定（等级认定）系列培训、企业领导力系列培训、营销系列培训、行政系列培训等。

培训工作是指有计划、有组织地向受训者传授完成其本职工作及提高工作能力所必须掌握的各种知识和技能、应具备的职业观念和态度、应牢记并遵守的行为规范等的过程。从广义上来说，培训机构举办的各类考试类的培训、认证类的培训也属于人力资源培训服务的范畴。

2. 人力资源培训服务的分类

根据不同的分类依据，人力资源培训服务可以划分为不同的类型。

（1）按培训内容划分，可将人力资源培训服务分为就业技能培训、岗位技能提升培训、高技能人才培训、创业创新培训、管理能力培训、工匠精神和职业素质培训。

（2）按评价方式划分，可将人力资源培训服务分为以下类型。

1）一般培训。指在培训结束后，无须进行专业性人才评价。

2）评价类培训。指在培训结束后需进行专业人才评价，如职业资格鉴定培训、职业技能等级认定培训、专项职业能力考核培训等。

（3）按受训者状态划分，可将人力资源培训服务分为以下类型。

1）就业创业重点群体就业技能培训，如对高校毕业生、农村转移就业人员和新生代农民工、失业人员和转岗职工等开展就业技能培训。

2）企业员工岗位技能提升培训，一般采用岗前培训、学徒培训、在岗培训、脱产培训、业务研修、岗位练兵、技术比武、技能竞赛等方式，提升员工技能水平。

3）高技能人才培训，如技师及高级技师培训、关键岗位的高技能人才培训、技术研修攻关等。

3. 人力资源培训服务的发展前景与趋势

近年随着经济社会的发展，个人和企业的培训意识都有所提升，对人力资源培训的认可度也越来越高，形成了较大的人力资源培训需求市场，因此可以说人力资源培训服务正迎来新的发展机遇。

从目前的发展状况看，人力资源培训行业尚处于成长阶段，竞争非常激烈，并没有出现垄断的局面。

人力资源培训服务的发展趋势如下。

（1）专业化。未来越来越多的企业会倾向于将内部的培训工作外包给专业化的人力资源培训服务机构。这就要求人力资源培训服务机构在专业化方面必须有所长，方可在激烈的市场竞争中赢得胜利。

（2）个性化。随着培训市场竞争的日趋激烈，人力资源培训服务机构要想争取新的商机就需要另辟新径，走差异化培训道路，向个性化发展，逐渐打破培训服务机构之间的同质化竞争格局。

（3）实战化。从课程设计到培训的过程必须具有实战性与针对性。若课程不具有实际指导意义，即使课堂上气氛活跃，其培训效果也必然不佳。而这种不佳的培训效果往往会影响客户企业的二次消费。

（4）多元化。培训模式从以课程培训为核心向咨询、培训服务一体化转变。所谓咨询式培训，就是人力资源培训服务机构协助客户企业培训主管，理清客户企业未来的重点业务方向，在企业诊断基础上有效地建立起完整的培训规划体系，形成中长期培训工作计划，并有始有终地执行与实施的培训模式。

（5）创新化。培训模式由过去的面对面授课发展为多种选择并存，如"互联网＋职业培训"等。

六、人力资源咨询服务

1. 人力资源咨询服务的概念

人力资源咨询服务是企业借助外部资源提高自身管理水平和效率的重要途径，也是人力资源服务的重要内容，是指由专业的人力资源管理第三方提供的，为实现提出咨询需求的企业的战略目标，运用人力资源管理专业知识、技术和方法，调查、分析、诊断企业人力资源管理问题以形成解决方案，并指导该方案落实的顾问服务过程。

人力资源咨询主要围绕企业在人力资源管理方面的需求开展服务，提供的服务包括人力资源管理制度设计、组织架构设计、人力资源管理流程设计等，其中人力资源管理流程设计又包括招聘、培训、绩效、薪酬与福利、员工关系管理等内容。

2. 人力资源咨询服务的分类

人力资源咨询服务根据不同标准有不同的分类，具体内容如下。

（1）根据服务范围分类。人力资源咨询服务可分为全局性咨询服务和单元型咨询服务。其中，全局性咨询服务是对客户企业的总体人力资源管理情况进行的咨询服务；单元型咨询服务是对客户企业的某一人力资源管理模块（如绩效、薪酬等）进行的具体化咨询服务。

（2）根据服务对象分类。人力资源咨询服务可分为国有企业人力资源咨询服务、中小企业人力资源咨询服务和外资企业人力资源咨询服务。

1）国有企业人力资源咨询服务。深化国有企业改革是大型国有企业发展的要求及机会，在改革中，其对现代化、专业性的人力资源咨询服务需求很大。

2）中小企业人力资源咨询服务。许多中小企业由于发展迅速，遇到了诸如人力资源管理制度不规范、组织架构不合理、人力资源管理流程设计不合理等问题，对人力资源咨询服务十分渴求。

3）外资企业人力资源咨询服务。外资企业一般具有重视人力资源管理的传统，其对人力资源咨询服务的需求也很大。

（3）根据从业主体分类。人力资源咨询服务可分为咨询企业人力资源咨询服务、个体人力资源咨询服务及政府机构人力资源咨询服务。

1）咨询企业人力资源咨询服务。该服务的从业主体包括国内咨询企业和外资咨询企业。国内咨询企业多处于萌芽阶段，主要靠提供本地化的人力资源咨询服务而逐步发展壮大。

2）个体人力资源咨询服务。该服务的从业主体包括所有尚未注册企业而从事人力资源咨询活动的个人或群体，如高校中的教研人员、科研机构的研究人员及独立从业的专家。一些个体人力资源咨询服务从业者凭借丰富的经验、专业特色及人脉，在业界树立了良好的个人形象及品牌。

3）政府机构人力资源咨询服务。该服务的从业主体为政府机构的服务部门，其一般凭借特殊地位向企事业单位提供各种培训、人才中介、人事代理服务，带有较浓厚的行政色彩。

3. 人力资源咨询服务的范围

人力资源咨询服务是针对人力资源这一活的资源，围绕招聘、绩效考核、薪酬体系、培训和职业生涯规划等方面展开的咨询服务工作，其主要范围如下。

（1）人力资源战略规划。分析客户企业对人力资源的要求，进行人力资源供需预测，制定能保证客户企业发展战略目标实现的人力资源配置计划和人力资源管理政策。

（2）岗位管理。通过优化客户企业的岗位设置、岗位说明书编制、定岗定员等岗位管理工作，落实岗位职责，实现人岗匹配。

（3）员工招聘管理。优化客户企业的员工招聘操作流程，指导招聘与面试各个环节的实施，设计面试及测评具体工具并辅导应用。

（4）人才测评。运用心理测评、智力测评、能力测评、人格测评等人才测评技术，对客户企业重要岗位的内外部应聘人员进行心理、知识、能力、业绩等方面的测评，公平、公开、科学地选聘客户企业所需要的人才。

（5）岗位胜任素质模型。为客户企业建立岗位胜任素质模型，为员工的选、用、育、留提供科学依据。

（6）培训管理。帮助客户企业设计、构建培训课程体系，帮助其内部培训师掌握培训内容设计和培训实施的主要方法和技巧，努力提高其培训效果。

（7）薪酬设计和激励管理。根据客户企业的特点和需要设计薪酬构成、薪酬制度及激励方案，以激发员工潜力，充分发挥薪酬的激励作用。

（8）绩效考核和管理。根据客户企业的经营特点和需要，设计科学实用的绩效考核办法，进行绩效目标分解，建立绩效管理体系，指导实施绩效考核工作并有效运用绩效考核结果，促进客户企业绩效管理水平的不断提升。

（9）员工职业生涯管理。为客户企业建立员工职业生涯管理体系，规划不同类员工的职业生涯发展通道，制定出员工职业发展规划、人才储备计划和接班人计划，指导客户企业有效落实员工职业生涯管理规划。

（10）劳动关系管理。指导客户企业规范用工、规范劳动合同管理，帮助客户企业处理并解决劳动纠纷、规避劳动用工风险。

4．人力资源咨询服务的作用

人力资源咨询服务，是为企业提供专业的解决方案，以解决企业在人力资源管理方面问题的服务，其在为企业构建完善的人力资源管理体系及人力资源法律体系方面能发挥不可小觑的作用，具体内容如下。

（1）人力资源咨询服务使企业高层管理人员有可能从繁忙的日常事务中解放出来，有更多的时间来研究长期发展战略，从而极大地提高了他们利用时间和管理工作的能力。

（2）在人力资源咨询服务过程中，可结合企业的实际情况，对企业中层管理人员进行培训和指导，为他们提供专业的知识和新的管理技术或方法，以提高整体管理质量。

（3）通过人力资源咨询服务，可以为企业全体员工提供各种管理科学基本原理、知识和方法方面的培训，由此提高他们的工作能力，拓宽他们的视野，提高他们的职业道德素质。

（4）通过人力资源咨询服务，可以为企业提供全面的法律支持，增强企业的法律意识。

七、劳务派遣服务

1. 劳务派遣的概念

我国的劳务派遣是企业用工的补充形式，只能在临时性、辅助性或者替代性的工作岗位上实施。劳务派遣单位与劳动者订立劳动合同后，劳务派遣单位通过与用工单位的劳务派遣协议，将劳动者派到用工单位从事劳动，由用工单位行使对被派遣劳动者的管理权。

2. 劳务派遣的主体

与传统的劳动关系不同，劳务派遣中的劳动关系涉及三方主体，这决定了劳务派遣中的劳动关系相较传统的劳动关系来说更为复杂。在传统劳动关系中，劳动者与用人单位签订劳动合同以确定劳动关系，而在劳务派遣关系中与劳动者签订劳动合同的是劳务派遣单位，而传统意义上的用人单位此时成了第三方。也就是说，劳务派遣关系中劳务派遣企业是劳动者的法定雇主（即一般意义上的用人单位），而一般意义上的用人单位（此时应将其称作用工单位），是劳动者实际劳动服务的对象，并成为劳务派遣企业的连带责任主体。

（1）劳务派遣企业。劳务派遣企业为派遣单位，需要具有劳务派遣经营许可证，与被派遣员工直接签订劳动合同，按照用工单位需求派遣合适人员至用工单位。

（2）用工单位。用工单位向派遣单位提出派遣员工需求，与派遣单位签订劳务派遣协议，对被派遣员工以劳务派遣形式进行用工。

（3）被派遣员工。劳动者在劳务派遣关系中称为被派遣员工。被派遣员工与劳务派遣企业签订劳动合同并与其形成劳动关系，在用工单位开展工作。

3. 我国劳务派遣的特点

与传统用人方式相比，我国的劳务派遣规模仍不算大，并不是主流用人方式，但是其发展速度较快。劳务派遣的主要特点包括以下几点。

（1）劳务派遣由劳务派遣企业进行，且具有营利性。劳务派遣必须由依法设立的劳务派遣企业进行，这是劳务派遣区别于借调、业务外包、企业集团内部各企业之间的人员流转以及大型设备安装技术服务等用工形式的独特之处。而且根据《劳动合同法》第 57 条规定，经营劳务派遣业务应当具备以下条件。

注册资本不得少于人民币 200 万元；有与开展业务相适应的固定的经营场所和设施；有符合法律、行政法规规定的劳务派遣管理制度；法律、行政法规规定的其他条件。经营劳务派遣业务，应当向劳动行政部门依法申请行政许可；经许可的，依法办理相应的企业登记。未经许可，任何单位和个人不得经营劳务派遣业务。

之所以对劳务派遣设下相应条件，是因为劳务派遣的社会风险是比较大的。在整个劳务派遣过程中，劳务派遣企业是劳务派遣的主体，是被派遣员工的法定雇主，必须负担全部的法律责任，这对劳务派遣企业的实力和信誉都提出了要求。

以营利为目的则是对劳务派遣企业营利性法人属性的强调。根据我国法律规定，劳务派遣企业属于营利性法人，是以营利为目的成立的企业组织。劳务派遣的营利性使其区别于企业之间一般的员工流动，也使得政府、事业单位等机构或公益组织无法成为劳务派遣的主体。

（2）劳务派遣涉及三方关系。劳务派遣的本质特征在于人员雇佣与人员使用相分离。在劳务派遣业务中，存在着三种主体、三重关系。三种主体分别是实际从事工作的劳动者、派出该劳动者的劳务派遣企业、实际使用该劳动者的用工单位，这三种主体实际运行的关系如图 2-9 所示。

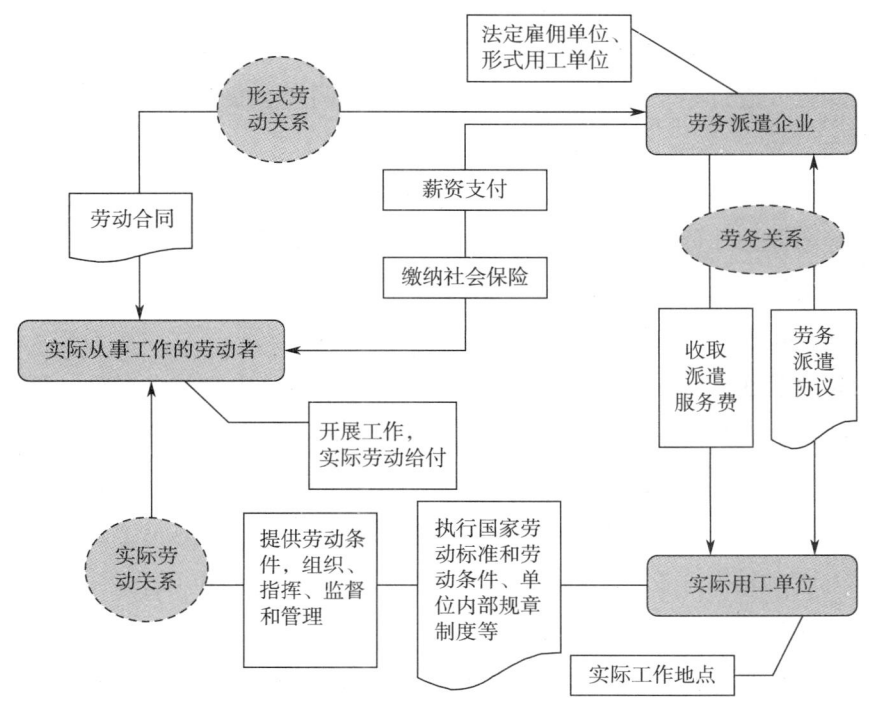

图 2-9 劳务派遣三种主体的运行关系

通过图2-9可以看出，实际从事工作的劳动者与劳务派遣企业之间虽然签有劳动合同，但双方未兑现劳动的给付，形成的是一种特殊的劳动关系——形式劳动关系，而劳动者与用工单位因为实际劳动的给付，形成的是实际劳动关系。劳务派遣单位与实际用工单位之间因签订劳务派遣协议所形成的关系，是一种民事法律关系。

（3）劳务派遣企业与用工单位共同行使和履行劳务派遣的权利与义务。因为劳务派遣协议，劳务派遣企业和用工单位由两个独立的主体变成了一个共同体，这个共同体在不同的层次上，行使着常规意义上用人单位的职能。劳务派遣企业作为被派遣员工的法定用人单位，负责对被派遣员工进行招聘、培训、管理等，但并不安排被派遣员工的实际工作内容；而用工单位负责为被派遣员工安排工作内容，并对其进行监督和保护。劳务派遣企业与用工单位都没有行使完整的用人单位职能，但却都需要在保障被派遣员工利益、承担相应责任上有所作为。无论劳务派遣企业还是用工单位哪一方没有履行相应义务，被派遣员工都可以向未履行义务的一方主张其权利。

4. 劳务派遣的主要业务

劳务派遣的业务范围包括被派遣员工招聘、被派遣员工培训、入职办理、工资代发、社保办理、公积金缴存、被派遣员工日常管理、职业发展管理、工伤及意外事故处理、离职办理、劳动争议处理等。

（1）被派遣员工招聘。劳务派遣企业根据用工单位提出的用工需求，制定招聘方案，通过校园招聘、专场招聘、网络招聘等方式发布招聘信息，筛选候选人，组织符合要求的候选人进行笔试、面试、体检并进行背景调查。最后与用工单位沟通决定是否录用。

（2）被派遣员工培训。劳务派遣企业通知被派遣员工参加上岗知识、安全教育、规章制度等培训，并负责安排培训场地、课程和师资，提供培训教材等，同时提供培训现场管理服务。培训结束后，根据用工单位需求，组织被派遣员工进行培训考核。

（3）入职办理。劳务派遣企业通知被派遣员工办理入职手续，收集被派遣员工个人信息和相关证件资料，并与被派遣员工签订劳动合同，办理社会保险、住房公积金等相关手续，组织被派遣员工学习劳务派遣单位和用工单位相关规章制度、操作规程等，组织被派遣员工按时到岗，接受用工单位的工作安排。

（4）工资代发。劳务派遣企业每月依法按时足额支付被派遣员工工资，并依法代扣代缴个人所得税等。工资发放后，劳务派遣企业及时向被派遣员工提供工资清单，并由被派遣员工签收。

（5）社保办理。劳务派遣企业依法为被派遣员工缴纳养老保险、医疗保险、工伤保险、失业保险和生育保险，及时根据当月被派遣员工人员变动情况进行社会保险申报及停缴等操作，按照国家及地方有关规定，及时为被派遣员工办理社会保险待遇申办手续。

（6）公积金缴存。劳务派遣企业与用工单位协商确定年度内被派遣员工住房公积金缴存比例，为被派遣员工按时足额缴存住房公积金，及时根据当月被派遣员工人员变动情况办理住房公积金申报及停缴等手续。

（7）被派遣员工日常管理。日常管理包括建立被派遣员工个人档案，协助用工单位对被派遣员工进行考勤管理，协助用工单位安排被派遣员工食宿、发放劳保用品等。

（8）职业发展管理。劳务派遣企业组织被派遣员工参加职业技能培训和继续教育，拓宽被派遣员工的职业发展通道。

（9）工伤及意外事故处理。劳务派遣企业及时与用工单位沟通处理事故，了解被派遣员工伤亡情况，将伤者立即送往就近的医疗机构抢救并到定点医院救治，并负责后续申报工伤、理赔等事宜。

（10）离职办理。被派遣员工劳动合同解除或终止时，应及时办理离职手续。劳务派遣企业应将被派遣员工离职情况通知用工单位，及时办理社会保险、住房公积金和商业保险停缴手续。

（11）劳动争议处理。劳务派遣企业应了解被派遣员工诉求和事实等情况，与用工单位沟通，制定劳动争议解决方案，并与被派遣员工协商，妥善解决劳动争议。

5. 劳务派遣的分类

劳务派遣根据不同的分类标准有不同的分类形式，本书将劳务派遣分为以下10类。

（1）完全派遣。完全派遣是劳务派遣企业负责被派遣员工整套派遣管理服务工作的劳务派遣形式，要求劳务派遣企业具备相应的服务能力，做好人员招聘与配置、人员培训、绩效考核、薪酬管理、人员管理、代缴社会保险与公积金、档案管理等工作。

在完全派遣模式下，用工单位无须进行人力资源管理，降低了管理成本，可更加专注于核心业务。但完全派遣也有风险，主要包括以下两个方面。

1）对劳务派遣企业来说，完全派遣模式下的管理服务工作量大、涉及范围广，需要承担更多的法律、管理、财务等方面的风险。

2）对用工单位来说，由于员工的整套管理都由劳务派遣企业进行，员工的能力素质、工作效率等用工单位无法完全掌控，这对用工单位的生产经营是不利的。

（2）短期派遣。当用工单位临时需要一名或数名员工时，劳务派遣企业便可为其提供短期派遣服务。相比传统劳务派遣服务，短期派遣服务更加方便灵活，因此成为不少用工单位弥补暂时性人才空缺常用的解决方式，劳务派遣企业也可从短期派遣服务中获得较大收益。

短期派遣并非任何情况均能适用,首先需要明确短期派遣的形式。一般来讲,短期派遣分为在一定期限内进行的派遣与以完成一定工作任务为期限的派遣。

短期派遣模式下,派遣行为持续时间短,常被运用于用工单位业务旺季或者某岗位员工因事假、产假等不能正常上岗的情况。

在进行短期派遣时,要特别注意以下问题。

1)招聘人员的劳动合同签订。根据《劳务派遣暂行规定》有关要求,劳务派遣企业应当依法与被派遣劳动者订立2年以上的固定期限书面劳动合同,而短期派遣协议期限通常短于2年,因此,劳务派遣企业与被派遣劳动者签订劳动合同时,要特别约定当次短期派遣服务结束后被派遣员工的安置问题。

2)规避风险。短期派遣虽然方便灵活,但是存在人员需求不稳定、人员被大量退回的风险。且短期派遣因工作时间较短而不固定,可能对派遣服务质量造成影响。另外短期派遣的被派遣员工可能在一定时期内辗转多家用工单位,易造成商业信息泄露以及合同纠纷等问题。

(3)项目派遣。项目派遣是劳务派遣企业以项目运作的方式向用工单位派遣劳动者,提供阶段性服务的劳务派遣模式,随着项目结束,派遣服务也相应结束。根据其派遣形式特殊性,实施项目派遣需要注意以下几点。

1)若被派遣劳动者为新招聘人员,企业应与其签订2年及以上的固定期限劳动合同,不得将合同期限约定为项目期限。

2)用工单位需要的往往是某方面的专业人员,这要求劳务派遣企业具有这方面的人才储备或招聘能力。

3)提供项目派遣服务时,劳务派遣企业除了派遣项目所需专业人员,还需要配备必要的管理人员参与被派遣员工的管理。

4)项目派遣可能面临被大规模退回的风险,劳务派遣企业要与用工单位签订合理的劳务派遣合同,确保各方利益得到保障。

5)项目派遣容易引发派遣结束后的项目遗留问题,劳务派遣企业要提前预警,与用工单位做好这方面的约定。

(4)试用派遣。试用派遣是指用工单位在试用期间将新员工的劳动关系转至劳务派遣企业,然后以派遣的形式试用,其目的是使用工单位在准确选才方面更具保障,免去了选拔和测试时产生的误差风险,有效降低了人事成本。根据其派遣形式的特殊性,试用派遣的实施有以下要求。

1)当事员工知悉并同意用工单位采用试用派遣的用工方式。

2)用工单位提供明确的试用派遣期内被派遣员工考核方案。

3）被派遣员工与用工单位相同或相似岗位员工同工同酬。

需要注意的是，试用期本就是员工与用工单位之间关系较不稳定的时期，用工单位也是为了规避试用期期间的用工风险才采取试用派遣的用工形式，这便将风险转移给了劳务派遣企业。基于此，劳务派遣企业在开展试用派遣业务时需要注意以下几点。

①试用派遣协议与劳动合同签订问题。该问题包括3个方面：试用派遣期限不得超过《劳动合同法》关于试用期最短期限的限定；试用派遣期间被派遣员工薪酬不得低于用工单位同岗位正式员工工资的80%；应约定若试用派遣期满用工单位决定不聘用被派遣员工为正式员工情况下的员工退回细节。

②充分调查了解用工单位。确保用工单位各类资质、执照齐全，充分了解其盈利状态、行业口碑、信用状态、企业文化、工作氛围等。尽量选择各方面条件优秀的用工单位进行合作。

③充分调查了解被派遣员工。要对被派遣员工进行充分背景调查，了解其从业经历、离职理由、教育背景、身体状况等，尽量避免纠纷发生。

④跟踪交流。当被派遣员工入职后，要定期派专人与被派遣员工进行交流，跟进其工作状况，了解其心理状态，解决可能出现的各类问题。

（5）减员派遣。减员派遣是经用工单位与员工协商，解除双方劳动关系，再由员工与劳务派遣企业建立劳动关系，员工依旧在原用工单位工作的派遣形式。减员派遣一般出现在企业用人结构调整升级时，是一种较为特殊的劳务派遣形式。以下为减员派遣的一般程序。

1）首先用工单位要按照国家相关规定合法地与员工解除原有劳动关系。

2）待用工单位与员工完全解除劳动关系之后，劳务派遣企业再与被派遣员工建立劳动关系。

3）被派遣员工与劳务派遣企业建立劳动关系后，仍在原用工单位工作。

劳务派遣企业在进行减员派遣服务时，要注意以下问题。

①弄清被派遣员工与用工单位解除劳动关系选择减员派遣用工形式的原因。

②密切注意被派遣员工工作状态与心理状态，避免被派遣员工因改变劳动关系而在心理上产生误解与落差，发生消极怠工、态度散漫等情况。

（6）转移派遣。转移派遣是用工单位自行招聘、培训人员，再与劳务派遣企业合作，由劳务派遣企业与员工签订劳动合同，员工在用工单位工作，而由劳务派遣企业负责上述员工的薪酬、福利、绩效、档案管理等工作的派遣形式。转移派遣是比较常见的派遣形式，实施时有以下要求。

1）转移派遣发生之前，用工单位需取得待被派遣员工的同意。

2）转移派遣要求劳务派遣企业全面负责被派遣员工的报酬、福利、绩效评估等内容，这要求劳务派遣企业具备较强的服务能力。

一般而言，转移派遣是用工单位有重大人员调整时才会选择的用工形式，其虽然同时减少了用工单位与劳务派遣企业双方的工作量和用人成本，但也隐藏着一些风险，容易出现以下问题。

1）用工单位退员问题。因劳动关系不在用工单位，用工单位发生用人调整时，可能会优先处理转移被派遣员工，劳务派遣企业可能要为此承担较高风险。为避免这种风险，劳务派遣企业除了在劳务派遣协议中提前详细约定各项风险分担事宜外，在合作前，还要了解清楚用工单位选择转移派遣形式的真实目的。

2）被派遣员工管理问题。由于被派遣员工劳动关系不在用工单位，相应的工资、绩效等也不由用工单位主管，无形中令被派遣员工与其他员工产生了差别，长此以往可能会影响被派遣员工的工作积极性。而且，由于劳务派遣企业是外部企业，因此在管理这些被派遣员工时也有诸多不便，管理工作难度较大。这要求劳务派遣企业对用工单位的管理形式有深入了解，尽量贴近用工单位的管理形式，缩小差异。

（7）晚间派遣。晚间派遣是指劳务派遣企业为了满足用工单位在晚间这一特定时间获得急需人才的需求而提供的特殊劳务派遣服务形式。由于晚间派遣在形式上的特殊性，在实施时有以下要求。

1）劳务派遣企业与用工单位必须有保障被派遣员工安全的方案与措施，以保障被派遣员工的人身财产安全。

2）劳务派遣企业需要具备能接受晚间派遣形式的员工储备或者招聘能力。

3）劳务派遣企业要详细了解用工单位需要采取晚间派遣模式的工作岗位，了解其工作强度、时间，对工作强度大、时间久的岗位，要求被派遣员工除专业能力外还需具备相应的身体素质。

（8）集体派遣。集体派遣是指国有企事业单位通过劳务派遣企业将闲置的人员派遣给第三方的劳务派遣形式。劳务派遣企业开展集体派遣工作有以下要求。

1）被派遣员工与原工作单位完全解除劳动关系。

2）被派遣员工具备相应工作能力，具备派遣后重新就业的能力。

3）第三方用工单位的接收条件比较容易实现，相关待遇能满足被派遣员工的要求。

集体派遣由于涉及劳务派遣企业、被派遣员工、原国有企事业单位、第三方用工单位4个利益体，各类关系的解除、建立和转移比较复杂，劳务派遣企业在开展集体派遣业务时需要注意以下几方面。

1）了解原国有企事业单位出于何种目的将其员工集体派遣，如是因用人调整还是因员工自身素质不再适合原岗位，这方便劳务派遣企业对被派遣员工的素质能力进行判断。

2）确认被派遣员工是否存在劳动关系问题，如被派遣员工是否已与原单位解除劳动关系，避免因关系错乱引发纠纷。

3）因被派遣员工原从业于国有企事业单位，改变劳动关系很可能引起其不满，劳务派遣企业要与原单位共同做好相应心理辅导工作，避免被派遣员工发生消极怠工、态度散漫等问题。

（9）钟点派遣。钟点派遣是指劳务派遣企业以小时为基本计价单位派遣特定人员到用工单位工作的劳务派遣形式，钟点派遣具有时间短，需求不固定的特点，根据其特性，实施钟点派遣业务具有以下要求。

1）要求劳务派遣企业具有意愿从事钟点工工作的人员储备或招聘能力。

2）要求被派遣员工工作积极性高、态度端正，能在规定时间完成要求任务。

3）要求用工单位指派的岗位工作具有独立性强的特点，方便被派遣员工及时独立完成工作，工作环节前后无过多牵连。

需要钟点派遣用工形式的行业很多，其本质目的都是为了更合理地节约成本。但是钟点派遣也有其缺陷和风险，劳务派遣企业要特别注意以下几点。

1）了解钟点派遣的工作内容。应确定其工作内容合法合规且可采取钟点派遣形式。

2）详细约定报酬支付事宜。由于钟点派遣一般来说持续时间短，次数相对较少，市场上常有用工单位延付工资的情况。

3）被派遣员工的工作质量问题。由于钟点派遣时间短，有些甚至是一次性的，被派遣员工可能没有考核负担，故容易发生工作质量下降的情况，造成用工单位不满。因此，劳务派遣企业要特别注意提高被派遣员工的能力和素质。

（10）双休日派遣。双休日派遣是针对用工单位的某些需求，劳务派遣企业以周六、周日为基本计价单位派遣员工到用工单位工作的劳务派遣形式。根据其特性，实施双休日派遣具有以下要求。

1）要求用工单位在双休日有健全的人员管理系统，能提供正常的工作环境，委托的工作内容不会因双休日这一特殊时段产生执行上的困难。

2）要求劳务派遣企业具有意愿在双休日提供派遣服务的人员储备或招聘能力。

3）要求被派遣员工在双休日不会因个人原因耽误工作，并在工作期间保持工作质

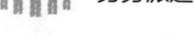

量与工作积极性。

双休日派遣为用工单位解决了周末加班的问题，规避了正式员工周末加班潜在的法律风险。而对劳务派遣企业来说，双休日派遣不像完全派遣或项目派遣那样工作量大、风险高，但双休日派遣也具有一定风险，需要劳务派遣企业密切关注。

1）工作环境与内容。由于是双休日，常规用工单位可能没有像工作日一样完善的工作环境保障，工作内容也可能更加艰巨或复杂，劳务派遣企业要确定用工单位能提供适当的工作环境与内容，保护被派遣员工的合法权益。

2）工作时间。劳务派遣企业要确认用工单位委托的工作内容在常规工作强度下是否超出双休日的时间范畴，避免造成隐性加班从而侵犯劳动者合法权益。

3）工作质量。一般来说，用工单位在双休日没有常规的人员配备，被派遣员工的工作可能得不到有效监督或指导，容易造成工作质量降低。劳务派遣企业要充分了解工作内容，并尽量派遣能力素质较高、可以完全胜任工作的员工，如必要，应派驻专人对工作进行监督。

6. 劳务派遣服务的产生和发展原因

（1）随着劳动保护法律法规愈加完善，用工单位经营成本也随之增加。为了减少此种成本的支出以获取更大的利润，越来越多的用工单位希望减少对劳动者的长期雇佣，改以劳务派遣的方式获取所需的劳动力。

（2）对用工单位而言，当有些工作并非经常需要劳动力时，劳务派遣即成为一个具有弹性而且更加便利的雇佣模式。

（3）在一些用工单位中，有些工作不需要由全职工作人员负责，雇佣全职工作人员从事该项工作会造成人力资源雇佣成本上的浪费，但直接雇佣非全职的工作人员，仍然需要承担劳动法规定用人单位所须承担的责任。在这种情况下，劳务派遣就成为最佳选择。

（4）当用工单位面临劳动者因私人原因无法按时到岗，或因意外事故、疾病等住院治疗而无法正常工作的情况，如果因此而雇佣另一名员工以填补该项岗位空缺，一旦劳动者能够重新工作，用工单位往往需要将新雇佣的员工解雇，此时就需要依法给付高额的劳动关系解除费用，或因无法有效使用新雇佣的员工而造成人力资源浪费。而用工单位若与该新雇佣员工签订固定期限劳动合同，也仍然需要承担相应责任。因此，对于用工单位而言，以劳务派遣用工模式应对此类状况是最便捷和最节约成本的方式。

（5）此外，社会就业方面的因素，以及应对其他非经营性目的等带来的对非正式用工的需求，也会促进劳务派遣服务的发展。

八、人力资源外包服务

1. 人力资源外包服务的概念

人力资源外包服务是指企业根据需要将人力资源管理工作、流程或职能中的某一项或几项工作或职能外包出去,由人力资源服务机构实施,以便降低企业经营成本,实现企业效益的最大化。

人力资源外包服务,是企业整合利用其外部优秀的专业化资源,以达到降低经营成本、提高效率、充分发挥自我核心竞争力并增强企业自身对环境的迅速应变能力的一种途径,也是人力资源服务的重要内容。

总体而言,人力资源管理外包是指将人力资源管理工作、流程或职能委托给专业组织进行管理和运作,其内容包括人力资源规划、制度设计与创新、流程整合、员工满意度调查、薪资调查及方案设计、培训工作、劳动仲裁、员工关系、企业文化设计等。

2. 人力资源外包服务的业务类型

根据企业需求、人员规模及业务性质的不同,人力资源外包服务的业务类型也有所区别。人力资源外包服务从总体上来讲可以分为人力资源事务外包、招聘业务流程外包、薪酬外包、福利外包等。

(1)人力资源事务外包是指将企业的整个人力资源管理过程中的事务性工作都外包给人力资源服务企业,如招聘人员信息的初步筛选、薪酬代发放、社保办理等工作,但不涉及各模块方案设计等开发性工作。该服务类型可降低企业管理成本,实现效率的最大化。

人力资源事务外包在一定程度上为企业人力资源管理人员提供了更多的时间,以便其将精力投入到人力资源核心业务上,为企业发展提供更多的支持。

(2)招聘业务流程外包属于人力资源外包服务的一种方式,是对招聘业务全流程的一站式服务,即从确定用人需求、与用人单位沟通用人理念、发布招聘信息、筛选简历、人员素质测评、面试、薪酬沟通到候选人员报到的全过程服务。

招聘业务流程外包可以缩减用工单位的招聘时间,提高招聘效率。

(3)薪酬外包是指企业与人力资源外包服务企业建立合作关系,由服务企业负责企业的薪酬管理日常工作,如职位评价、薪酬方案设计、薪资发放、代缴个人所得税、代缴社保公积金等。

薪酬外包服务业务的出现可以为面对市场挑战的企业提供灵活、可靠的薪酬解决方案。

（4）福利外包是人力资源服务企业在深入分析企业员工福利需求的基础之上，结合企业福利经费计划，为企业制定个性化强、适用度高的福利解决方案并加以实施的人力资源外包服务。通过这种业务可以节省企业的福利成本，提高福利发放的满意度，为形成良好的企业氛围和员工关系提供保障。福利外包是一种满足员工福利多样化需求，提升企业核心竞争力的重要举措。

3. 人力资源外包服务的优势

（1）有利于减少投入，降低开支。通过人力资源外包服务，可减少企业行政事务性人力资源活动的资源投入，有利于降低人力资源管理开支。

（2）有利于集中优势资源，提升核心竞争力。企业将招聘员工、新员工培训、工资发放、人事档案管理、约束与激励机制的改革方案制定等活动转交给外部专业服务企业，可减少这类活动对企业发展的干扰和负担，有利于企业将有限资源集中投入到与企业核心竞争力有关的活动中，提升企业核心竞争力。

（3）有利于规范管理，完善制度。当企业人力资源部门不擅长或无力满足企业发展对人力资源管理的迫切要求时，将此项目外包给专业企业是更优选择。

（4）有利于吸纳人才，留住人才。人才争夺和人才安全已成为全球企业人力资源管理十分重要的课题。人力资源外包服务可以更好地吸纳人才，留住人才，为企业解决如何吸引行业顶尖人才、用好现有人才、留住关键人才等企业发展面临的巨大挑战。

4. 人力资源外包服务商业模式创新

（1）"人力资源外包＋互联网"。移动技术、大数据分析、社交网络、云计算等新技术的兴起，不断促使整个人力资源外包服务行业创新人力资源外包产品和管理模式。

"互联网＋"技术的应用，使一些传统的线下服务开始向线上延伸，很多人力资源服务企业将一部分可以与互联网技术相结合的外包业务搬到线上，这样一方面能够为客户提供更加便捷的服务，降低内部工作量；另一方面可以将特有的服务产品通过互联网与客户、与员工分别进行互动。

从总体上来说，与传统人力资源外包服务的服务内容和服务方式相比，借力"互联网＋"，人力资源外包服务会更加精准。因为嵌入相关技术后，人力资源服务企业可以针对个人或企业的特定情况，运用大数据分析等信息技术手段量身定做服务方案，通过这种手段，人力资源服务企业在服务方式和服务内容的设计上能够更加有针对性，客户对服务内容的满意度也会更高。

（2）"薪酬外包＋信息技术"。随着市场薪酬水平的变化以及近年国家各项税收政策的完善，薪酬管理工作日益复杂。所以，越来越多的企业倾向于选择人力资源服务企业协助完成薪酬管理工作。

随着业务量日益增大，原有的处理方式存在数据零散、操作烦冗等缺点，严重制约了薪酬外包业务发展。然而目前计算机信息技术迅猛发展、软件开发能力日渐增强，针对薪酬业务开发的相关软件产品也不断出现，这为薪酬外包项目提供了强有力的支持，也为薪酬外包服务注入了新的活力。

（3）"薪酬服务+C端增值服务"。薪酬服务业务链上，B端为被服务企业，C端为在B端任职的工作人员，薪酬服务尤其是为C端人员服务，可能会为外包企业带来潜在的机遇，所以挖掘C端人员价值点成了薪酬外包服务的又一利润增长点。如何结合目前互联网发展速度以及移动端平台的广泛运用，开展C端增值服务，是每个薪酬外包工作人员值得深思的问题。

九、人力资源管理信息化服务

1. 人力资源管理信息化服务的概念

人力资源管理信息化服务是指第三方服务机构为企业人力资源管理提供的专业的信息系统服务，该服务涵盖企业人力资源管理的各大模块，可有效促进企业人力资源管理信息化、现代化、高效化。

在当前互联网与信息化高速发展的社会背景下，企业人力资源管理遇到了诸多挑战，企业亟须运用信息化手段，以软件系统为平台，实现人力资源管理信息化。人力资源管理部门需要从大量的事务性、行政性工作中解放出来，由过去面向内部的管理部门转为面向企业员工以及企业外部各相关伙伴的服务部门，从而真正实现为企业的发展战略服务、为组织的变革服务、为员工的成长服务。传统的人力资源管理以档案、电话为工具，而今天，信息技术已经深入到招聘面试、人员培训、员工管理等人力资源管理工作中。

2. 人力资源管理信息化服务的业务类型

（1）人力资源软件。人力资源软件是指应用或引进各种信息技术手段并利用人力资源管理业务的部分功能，协助进行企业人力资源管理的全新的信息化工具。

这是一种提升企业管理水平及管理效率的全新人力资源管理工具，市面上目前有很多这样的软件产品。

（2）人力资源管理信息化服务。人力资源管理信息化服务是指将信息技术和先进的人力资源思想相结合，依靠信息技术为企业人力资源管理提供专业的信息系统服务的一种方式。这一方式涵盖了企业人力资源管理的各项职能，主要包括人力资源管理核心功能、劳动关系管理、薪酬与激励、招聘与配置、培训与开发、人才管理、学习与发展等功能模块。

3. 人力资源管理信息化服务的优势

人力资源管理信息化服务在企业中的应用，集中体现了以下优势。

（1）提升事务性工作的效率和准确率。主要包括三大内容。一是人事操作流程简化。例如在入职办理事务方面，简化人力资源管理人员手工录入花名册、简历、合同信息等内容的流程。二是摒弃过多纸质化操作。很多企业都已经实现了无纸办公，人力资源管理信息化也是顺应时代发展的结果。三是提高各类操作正确率。系统化操作可以避免手工制作报表时可能产生的各种错漏。

（2）全面实现档案管理电子化。主要包括两方面内容。一是员工基本信息，如学习情况、转正、考核、调岗、续签、晋升、考勤、培训、薪酬社保、福利、工龄等记录全部实现电子化存储。二是企业相关文件资料，如员工手册、企业管理规范制度、考评办法等统一线上管理，防止丢失。

（3）打造个性化的人力资源服务。个性化的人力资源服务如员工生日、入职周年定时提醒，又如薪资查询、福利挑选等员工自助服务。

（4）人力资源管理从业者角色和职能转变。包括两方面的内容。一是信息化的数据报表成为人力资源管理从业者的决策依据，使人力资源规划、招聘、离职管理指标可实时监控。二是使人力资源管理从业者能投入更多精力关注组织成长、业务伙伴，可将大部分精力放在为企业决策层提供咨询建议上。

（5）激发人力资源管理从业者的学习动力。通过运用信息技术，员工可以共享学习资料，在线学习、在线交流，并且可以敦促老员工持续学习。

4. 人力资源管理信息化服务商业模式创新

（1）"人力资源管理信息化+移动云端服务"。随着信息化技术的飞速发展，人力资源管理也由封闭式管理逐步向"云端化"转变。云端化是指人力资源管理系统在运作和实施过程中，通过网络技术联通多台计算机，实现管理信息传递与交互的一种方式。

这一方式既能为企业节约人工成本、提高工作效率，也能帮助企业实现快速信息交互，是提升企业整体工作效能的有效手段。

（2）"人力资源管理信息化+SaaS服务"。SaaS是英文Soft as a Service（软件即服务）的简写，是指利用互联网及云服务的发展，满足特定行业或企业特定需求的一种专业型软件租赁使用模式。这一模式是指企业可以根据自身在人力资源管理方面存在的诸如员工关系管理、客户关系管理、合同管理、费用管理等需求，定制相应的软件。

对企业而言，SaaS 服务具有成本低、无须下载、由供应商提供专业维护服务等特点。

（3）"人力资源管理信息化 + 数据服务"。数据服务，也称数据即服务，是指利用大数据技术进行数据接入、处理、存储、查询、分析，最后将数据根据用户需要提供给不同用户的一种服务方式。

随着大数据时代的到来，企业人力资源管理也逐渐由原来依靠经验进行管理的方式向依靠数据进行管理的方式转变。人力资源管理信息化服务通过先进的平台进行数据的获取和分析，为企业管理策略和规划的制定、精准化招聘、培训方式调整等提供了科学的参考依据。

第三章

市场营销知识

第一节　市场营销基本概念

一、市场营销

市场营销或称市场学、市场行销，主要指市场营销人员为了企业利益向客户传递产品或服务信息，从而为客户、企业、合作伙伴及整个社会带来经济价值的活动，简单来说其为针对市场开展经营活动、销售行为的过程。

对于市场营销定义的解释，一般分为以下4类。

1960年，美国市场营销协会对市场营销进行了定义：市场营销是引导产品和劳务从生产者流向消费者或用户所进行的一切商务活动。1985年，其对这个定义进行了更完整全面的解释：市场营销是对思想、产品及劳务进行设计、定价、促销及分销的计划和实施的过程，从而产生满足个人和组织目标的交换。

1960年杰罗姆·麦卡锡（E. J. McCarthy）对市场营销下的定义为：市场营销是企业经营活动的职责，它将产品及劳务从生产者直接引向消费者或使用者以便满足顾客需求及实现企业利润。

菲利普·科特勒（Philip Kotler）对市场营销的定义强调价值导向。他认为，市场营销是个人或组织通过创造产品和价值，并同他人交换产品和价值，以满足需求和欲望的一种社会和管理过程。市场营销的最终目标是满足需求和欲望。

克里斯琴·格罗路斯（Christian Gronroos）对市场营销的定义强调目的。他认为，所谓市场营销，就是在变化的市场环境中，旨在满足消费需要、实现企业目标的商务活动过程，包括市场调研、选择目标市场、产品开发、产品促销等一系列与市场有关的企业业务经营活动。

可见，市场营销的使命就是整合企业现有资源，实现企业利润最大化的终极目标。劳务派遣业务项目开发是劳务派遣企业经营人力资源服务项目的起点，对于市场的分析和判断与顾客行为的分析是劳务派遣管理员必备的基础知识。

二、市场营销职能

市场营销是使企业的产品或服务与顾客需求发生关联的过程，随着经济的不断发展，现代市场环境对市场营销提出了更加全面的职能要求，市场营销职能应当包括市场调研、产品效用与价值、营销与销售、需求创造、公共关系平衡五大方面。

1. 市场调研

市场调研，或称市场调查，是指运用科学的方法，有目的、有系统地搜集、记录、整理有关市场营销的信息和资料，并对市场情况进行分析，了解市场的现状及其发展趋势，为市场预测和营销决策提供客观、正确资料的行为。

市场调研根据不同的划分标准会产生不同的分类结果。

（1）按照调查性质分类。可分为描述性调查、分析性调查、因果关系调查、探索性调查和预测性调查等。

（2）按照调查区域分类。可分为国际市场调查、国内市场调查、城镇市场调查和农村市场调查等。

（3）按照调查范围分类。可分为普遍市场调查、抽样市场调查、特殊市场调查、重点市场调查等。

（4）按照调查时间分类。可分为一次性市场调查、定期性市场调查、经常性市场调查、临时性市场调查等。

进行市场调研不仅是为了了解顾客的类型、需求和市场的情况，更是企业产品或服务对市场适应性情况的一次摸底，是制定正确高效市场营销战略的前提，是开展市场营销后续工作的必要准备。通过了解现实存在的问题和市场条件限制，能方便企业对市场进行更加全面的准备。

2. 产品效用与价值

产品是承载顾客需求的载体。有形产品通过物质形式满足顾客的对应使用需求，无形产品通过时间、地点、人物、组织、观念等满足顾客的需求。应当注意到，产品或服务是为了满足顾客的某种需求而存在的,不能过于重视产品本身而忽视顾客的需求。

效用和价值是顾客选择产品或服务的主要考虑因素,顾客通过对产品或服务效用满足自身需要的程度和价格高低进行评估来决定是否购买。追求效用最大化、追求价格最低与追求最优性价比的顾客做出的购买决定不同,所以,进行市场营销时要关注顾客需求与产品效用与价值的关系,促使企业的产品或服务满足不同顾客的需求。

3. 营销与销售

营销使企业的产品或服务进入消费者的视野,而销售将产品或服务推向消费领域,同时从消费者处获得货币,以对企业生产和服务过程中的消耗进行补充。销售是把企业的产品或服务转移到顾客或者使用者手中的过程,是提高经营效率的重要环节。通过销售,企业获得资金,也获得了相应的经营和发展的条件。

4. 需求创造

市场上可能存在不同的需求状况,市场营销需要通过不同的市场策略来实现企业产品或服务的销售。这意味着企业不仅要满足目标市场顾客现有的实际需求,让每一个愿意购买企业产品或服务的顾客切实买到产品或服务,也要努力争取那些具有不同需求的顾客,提供满足他们需求的产品或服务,创造出使他们购买的条件,解除他们不同需求背后的限制因素,从而将顾客的潜在需求转变成为现实需求。市场上可能存在的需求状况包括以下5种。

(1)负需求。负需求指市场上有众多顾客不喜欢某种产品或者服务,对其呈现出一定的消极态度。

(2)无需求。无需求指目标市场的顾客对于某类产品或者服务不关心或者没有兴趣。

(3)潜在需求。潜在需求指顾客虽然有明确意识和欲望,但由于种种原因还没有明确显示出需求。

(4)下降需求。下降需求指目标市场顾客对于某类产品或服务的需求呈现下降趋势。

(5)不规则需求。不规则需求指因为时间、地区的变化而带来的对企业产品或服务的需求波动较大。

5. 公共关系平衡

企业的经营和发展离不开顾客,更离不开社会环境。企业总是以各种各样的形式与社会各个方面存在着广泛而客观的联系,这是企业的社会关系决定的。改善和发展这些联系在建立企业良好社会形象同时,也能够为企业带来市场营销方面的优势。

企业平衡公共关系需要正确处理好三方面的关系：商品生产经营与企业社会化的关系、获取利润与满足顾客需要的关系、满足个别顾客需要与增进社会福利的关系。

第二节　市场分析与判断

一、市场调研

市场调研是顾客表达意见的机会，更是企业了解顾客对产品或服务的想法和意见的重要方法。对于劳务派遣企业来说，市场调研的信息调查范围不仅包含顾客，即具备潜在需求的用工单位，也包含劳务派遣行业的市场现状和竞争对手情况。

劳务派遣企业进行的市场调研一般包括3个步骤：信息收集、信息分析、信息处理。

1. 信息收集

市场调研信息的来源可以分为两大类：第一手资料和第二手资料，见表3-1。

● 表3-1　市场调查信息的来源

类别	含义	优点	缺点
第一手资料	第一手资料又称原始资料，指的是研究人员通过观察实验和问卷调查方法收集到的信息	针对性强 时效性强	需投入较多人力、物力和财力 花费时间较长
第二手资料	第二手资料又称间接资料，指的是已经他人收集和加工整理过的信息	数量多，实用性强 获取成本低，获取时间短	适用性较差，准确性低

（1）收集第一手资料。第一手资料的收集方法主要有观察法和访问法两种。

1）观察法。观察法指调查人员不与被调查者接触，而是通过观察和记录收集资料的一种方法，其原则要注意以下几点。不应带有偏见，每次只观察一种行为，应进行较详细的记录，注意保证样本的代表性。

观察法的应用条件及其特点见表3-2。

● 表3-2　观察法的应用条件及其特点

观察法的应用条件	观察法的缺点	观察法的优点
1. 被观察者在公共场所 2. 被观察者具有代表性 3. 被观察者不知情 4. 观察地点隐蔽	1. 只能观察到表面现象 2. 被观察者行为存在偶然性 3. 受空间和人员的限制 4. 时间长，费用高	1. 有针对性 2. 方式简单 3. 得出的结果独立、客观

2）访问法。访问法指以各种形式询问、采访被调查者以获得所需要的资料的方法。根据调研员与被调查者接触方式的不同，访问法可分为当面访问、电话访问、邮寄访问和网络访问4种。具体特点及应用方式见表3-3。

● 表3-3　访问法的特点及应用方式

访问方法	优点	缺点	应用方式
当面访问	1. 可以有选择地挑选被调查者 2. 可以根据被调查者的兴趣选择询问话题 3. 有利于把握被调查者的情绪 4. 使用方便，获得结果快捷	1. 被调查者不一定具有代表性 2. 访问结果受调查人员的主观影响 3. 对调查人员素质要求较高 4. 成本较高	1. 公共场所访问 2. 家庭访问 3. 企业访问
电话访问	1. 使用方便，获得结果快捷 2. 调查区域广泛，费用低 3. 比当面访问更容易被接受	1. 对调查人员的素质有一定要求 2. 容易遭到被调查者的拒绝 3. 所获信息不一定准确，被调查者可能敷衍了事	打电话进行问卷访问
邮寄访问	1. 调查区域广泛，费用低 2. 不受调查人员主观判断影响 3. 调查者有充分的时间来考虑问题	1. 回复率低 2. 回复时间长 3. 被调查者不一定具有代表性	1. 采用有奖方式 2. 委托权威机构进行
网络访问	1. 调查范围广，不受地域限制 2. 信息反馈速度快，费用低 3. 匿名调查，有利于获取更真实的信息 4. 不需要使用专门调查人员	1. 准确性较差 2. 只能在上网人群中调查 3. 容易被拒绝 4. 被调查者不一定具有代表性	1. 电子邮件访问 2. 在网络论坛进行调查询问 3. 企业网站询问

（2）收集第二手资料。第二手资料的收集要点包含资料收集的内容和资料的评估。

1）第二手资料收集的内容。第二手资料主要来源于企业内部资料和企业外部资料，主要收集的内容包括3类。

①业务基本资料。劳务派遣企业保留的与派遣业务相关的合作记录、销售单据、客户名单、合作方的来往信息等。

②营销管理资料。历年业务营收情况以及行业市场占有率等统计数据、研究报表、分析报告等资料，企业近5年的销售计划以及相关市场营销策略，企业各项市场营销业务的实际案例信息。

③外部相关资料。企业拥有的国内外相关行业资料，主要包括行业规模、行业特点、市场增长率、竞争格局等；各种信息机构，如国家经济信息中心、国家统计信息中心提供的各类统计资料；政府机构及经济管理部门的有关方针、政策、法规、经济公报、统计公报等；电视、广播、报纸、广告、期刊、书籍、论文和专业文献等。

2）第二手资料的评估。第二手资料的评估主要应注意以下4点。

①目的，即明确收集资料的目的。

②一致性，即明确资料的内容是否合乎需要。

③权威，即资料是否由权威部门发布，是否可信。

④途径，即明确资料获得的途径是否便捷。

2. 信息分析

市场调研的信息分析方法大致分为定性分析法和定量分析法两大类。

（1）定性分析法。定性分析法包括归纳分析、演绎分析、比较分析和结构分析4种方法。

1）归纳分析。归纳分析是从个别事件推导出一般规律的论证方法，能体现众多事物的基本规律，且能体现事物的共性，但是容易发生不完全归纳。

2）演绎分析。演绎分析是从普遍性结论推导出个别性结论的论证方法。演绎分析由定义根本规律出发，通过逻辑严密的一步步递推，得出可靠的结论，能体现事物的特性，但是该方法缩小了范围，使根本规律的作用得不到充分的展现。

3）比较分析。比较分析是比较事物之间的区别和联系，为进一步分类提供依据的论证方法。比较分析法分为纵向比较法、横向比较法、纵横结合比较法与理论和事实相比较的方法。

4）结构分析。结构分析是通过分析某事物的结构和各个组成部分的功能认识事物本质的方法。结构分析的主要内容包括分析构成要素、分析要素功能和分析整体功能。

（2）定量分析方法。定量分析方法有两种，分别是确定性分析方法和不确定性分析方法。

确定性分析方法可以分为描述性统计分析和推断性统计分析，具体说明见表3-4。

● 表3-4 确定性分析方法

分类	内容	用途
描述性统计分析	频数分析	利用频数分析可以检验异常值,也可以发现一些统计规律
	集中趋势分析	反映一组资料中各种数据所具有的共同趋势,常用指标数有平均数、中位数、众数
	离散程度分析	反映一组数据各变量值远离其中心值的程度,常用指标有极差和标准差
	正态分布分析	适用于服从正态(或近似正态)分布指标以及可以通过转换后服从正态分布的指标,常用参数有期望和标准差
推断性统计分析	假设检验	根据一定假设条件由样本推断总体,常用方法有U检验法、T检验法、卡方检验法
	参数估计	根据从总体中抽取的样本估计总体分布中包含的未知参数,分为点估计和区间估计两部分

不确定性分析方法分为盈亏平衡分析、敏感性分析和概率分析,具体说明见表3-5。

● 表3-5 不确定性分析方法

分类	说明
盈亏平衡分析	盈亏平衡分析是根据产品的产量、成本和利润之间的相互制约关系,预测利润、控制成本的分析方法
敏感性分析	敏感性分析是通过计算一个或多个不确定因素的变化所导致的评价指标的变化幅度,并分析各个因素的变化对预期目标的影响程度,为决策提供依据的分析方法
概率分析	概率分析是通过研究各种不确定性因素发生不同变动幅度的概率及其对指标的影响,对项目(事件)可行性和风险性作出判断的分析方法

3. 信息处理

市场调研信息处理一般包含4个部分:资料确认、数据编辑、数据编码、信息录入。

(1) 资料确认。资料确认的目的是确保调研问卷的有效性,确认的内容包括:被调查者是否具有代表性,调查过程是否按要求进行,调查是否全部完成。

(2) 数据编辑。数据编辑的主要目的是检查市场调研结果是否有误,检查的内容包括:开放式问题答案的有效性,选择式答案是否存在随意性,调查人员是否完整记录被调查者的回答内容。

（3）数据编码。数据编码是根据数据结构特点和使用目标需求，将数据转换为代码的过程。

（4）信息录入。信息录入是将调研信息转换为电脑可以识别的数据形式录入硬盘的处理过程，这一过程也可以借助专业的信息录入软件来实现。

二、环境分析

环境分析为劳务派遣企业进行市场判断提供了重要的决策依据，其主要包含宏观环境分析和微观环境分析。

1. 宏观环境分析

宏观环境是劳务派遣企业在战略制定过程中必须考虑的不可控的外部环境，通过进行宏观环境分析可以把握宏观环境对企业战略目标制定和实施的影响。

宏观环境分析通常包括六大要素：政治要素、经济要素、社会文化要素、自然环境要素、技术要素、法律要素。宏观环境分析主要有两种方法：外部因素评价矩阵和PEST分析法。

（1）外部因素评价矩阵。外部因素评价矩阵从机会和威胁的角度针对影响企业战略运营的外部宏观环境要素进行分析，并按每个影响要素对企业战略运营的影响程度及企业对这些因素的掌握程度进行评分，根据评分结果进行战略选择。进行外部因素评价矩阵分析一般应遵循6个步骤。

1）按重要性及与企业的紧密程度列出10~20个影响战略运营的关键机会要素和威胁要素。

2）依据对企业战略的影响程度对要素逐一赋予权重，权重数值在0~1之间，所有因素权重之和必须等于1。

3）依据企业对要素的掌控或应对能力进行要素评分，分值为1~4，分值越大则掌控或应对能力越强。

4）每个要素的权重乘以该要素的评分即为该要素的加权评分。

5）所有要素的加权评分之和即为企业面对的宏观环境的机会和威胁的综合加权评分。

6）综合加权评分值为1~4，中间值设为2.5，若大于2.5，代表企业能有效把握机遇、具备应对威胁的能力。

使用外部因素评价矩阵时应注意：工具中的要素权重和要素评分都是主观的，在要素筛选、权重赋值、分值评定过程中，为了缩小甚至避免主观判断与客观事实的差距，一般应通过小组决策的方式来弥补个体主观评价的不足。

（2）PEST分析法。PEST分析法（political, economical, social, technological analysis）是外部环境分析的常用工具之一，主要用来分析企业所处的宏观环境对战略的影响。

根据企业所属行业的不同，及其自身特点和战略需要的不同，PEST分析的具体内容也会有所差异，但一般都是对政治、经济、社会和技术这四大类影响企业的主要外部环境要素进行的分析，如图3-1所示。

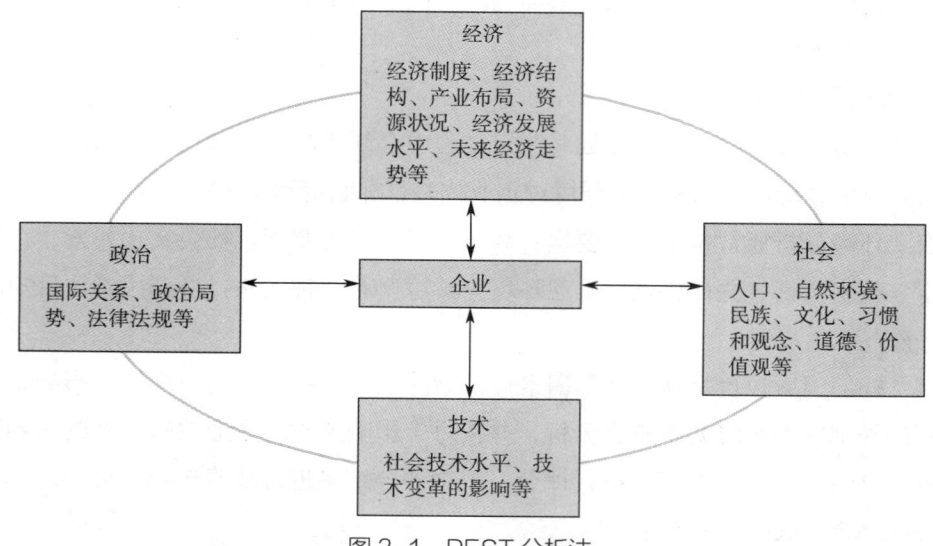

图3-1 PEST分析法

1）政治要素。政治要素一般包括一个国家的国际关系、政治局势、法律法规等。

2）经济要素。经济要素包括能够反映国民经济发展水平和发展速度的要素，以及决定企业目前及未来市场大小的要素等。经济要素一般包括一个国家的经济制度、经济结构、产业布局、资源状况、经济发展水平及未来的经济走势等。

3）社会要素。社会要素一般包括一个国家或地区的人口、自然环境、民族、文化、习惯和观念、道德、价值观等。

4）技术要素。技术要素一般包括社会技术水平和技术变革的影响等。

2. 微观环境分析

微观环境是指与劳务派遣企业紧密相连、直接影响企业的行业市场能力和效率的各种力量和因素的总和，一般包括企业自身、供应商、中介、客户、竞争者、社会公众等，见表3-6。

● 表3-6 市场营销微观环境分析明细表

微观环境因素	分析内容
企业自身	员工、资金、设备、原料等
供应商	供货稳定性、价格变动、质量水平等
中介	中间商、服务机构、金融中介等
客户	目标消费者心理、购买行为等
竞争者	竞争者市场营销策略、销售情况等
社会公众	媒介、社团、普通大众、政府等

微观环境分析常用的方法有4种：SWOT分析法、市场吸引力矩阵、产品市场多元化矩阵和关键成功因素分析法。

（1）SWOT分析法。SWOT分析法主要分析企业的优势（strength）、劣势（weakness）、机会（opportunity）和威胁（threat）。

使用SWOT分析工具时，应在企业内外部关键成功因素确定的基础上，将优势和劣势、机会和威胁进行组合，形成一个矩阵，见表3-7。

● 表3-7 SWOT分析矩阵

外部因素 \ 内部因素	优势（S）	劣势（W）
机会（O）	SO战略 发挥优势 利用机会	WO战略 利用机会 克服劣势
威胁（T）	ST战略 发挥优势 回避威胁	WT战略 克服劣势 回避威胁

在SWOT分析中，对优势、劣势、机会、威胁的分析通常会考虑的要素见表3-8。

● 表3-8 SWOT分析要素

优势	劣势	机会	威胁
1. 良好的品牌形象 2. 被广泛认可的市场领导地位 3. 领先的专利技术	1. 缺乏战略导向 2. 装备水平滞后 3. 过高的资产负债率 4. 缺少自有专利技术	1. 产品组合的扩张 2. 新消费市场的形成 3. 核心技术向产品组合的转化	1. 出现强势竞争对手 2. 替代产品的出现 3. 市场增长趋缓 4. 国家政策的限制

续表

优势	劣势	机会	威胁
4. 低成本优势 5. 差异化的产品定位 6. 完善的售后服务 7. 健全的财务保障 8. 畅通的销售渠道	5. 落后的研发能力 6. 过分狭窄的产品线 7. 模糊的产品定位 8. 超过竞争对手的高额成本	4. 竞争对手的市场份额开始缩小 5. 合作与并购整合 6. 品牌形象拓展形成通路	5. 商业周期的影响 6. 供应商讨价还价能力增强 7. 顾客购买需求下降 8. 人口与环境的变化

SWOT分析一般包括6个关键步骤：确认当前执行的战略，用PEST分析法分析企业外部环境的变化，根据企业资源组合情况确认关键能力和关键限制，依据通用矩阵或类似工具实施评价，将结果在SWOT分析矩阵上进行定位，依据定位进行战略选择。

通过SWOT分析可以做出4种不同的战略选择，如图3-2所示。

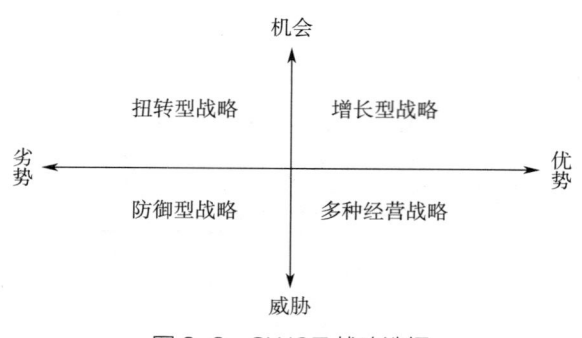

图3-2 SWOT战略选择

（2）市场吸引力矩阵。市场吸引力矩阵主要用来对市场进行分析，通常采用市场集中程度和销售增长率指标作为衡量和评价市场对企业吸引力的标准。市场吸引力矩阵分布如图3-3所示。

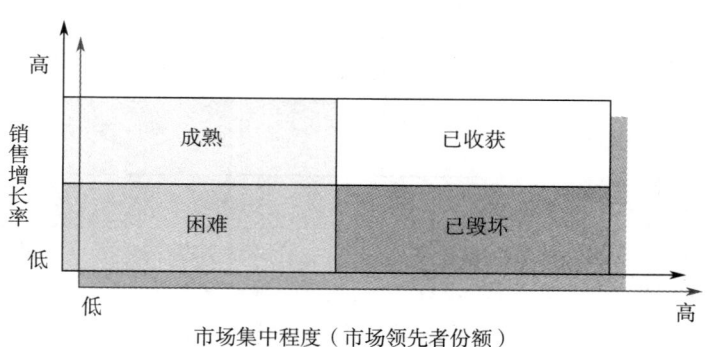

图3-3 市场吸引力矩阵

市场吸引力矩阵中的 4 个象限的含义见表 3-9。

● 表 3-9　市场吸引力矩阵象限的含义

象限名称	含义
"成熟"市场	销售增长率高且不存在强大的主导企业,可以摘取成熟的"果实"
"困难"市场	销售增长率低且市场集中程度低,要实现获利比较困难
"已收获"市场	销售增长率高但是已存在主导企业,难以渗透
"已毁坏"市场	销售增长率低且存在主导企业

使用市场吸引力矩阵进行产业分析时,一般要遵循 4 个步骤:估测市场销售增长率,估测市场的集中程度,将各市场标于矩阵上,进行市场吸引力诠释。

(3) 产品市场多元化矩阵。产品市场多元化矩阵又称安索夫矩阵,该矩阵将产品和市场作为两大基本面,区别出 4 种产品/市场组合和相对应的市场策略,是应用较广泛的市场分析工具之一。

对于劳务派遣企业来说,企业的产品就是人力资源服务,利用产品市场多元化矩阵时需要注意将产品置换为服务进行理解。

产品市场多元化矩阵如图 3-4 所示。

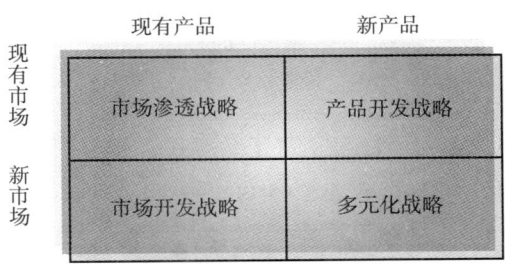

图 3-4　产品市场多元化矩阵

产品市场多元化矩阵中的 4 种战略组合的具体特点见表 3-10。

● 表 3-10　产品市场多元化矩阵战略描述

战略名称	战略特点
市场渗透战略	企业以现有的产品面对现有的顾客,即以其目前的产品市场组合作为出发点,增大产品的市场占有率
市场开发战略	企业以现有产品开拓新市场,在不同的市场上找到具有相同产品需求的顾客,但产品本身的核心技术不发生改变

续表

战略名称	战略特点
产品开发战略	企业推出新产品满足现有顾客需求,采取产品延伸的策略,利用现有的顾客关系来提高顾客忠诚度
多元化战略	企业以新产品开拓新市场的策略,该策略最为冒险,失败的概率较高

（4）关键成功因素分析法。关键成功因素是指那些在行业中占重要地位且对企业竞争力有重大影响的条件、变量或能力等特定因素。

如何把有限的资源集中到能决定企业获得成功的关键功能领域对企业而言至关重要,关键成功因素分析法就是这样一种通过分析市场来确定影响行业及企业成功的关键因素的分析方法。

企业的关键成功因素可以通过分析企业的战略陈述和业务计划得到,通常只有对实现企业战略最重要的因素才列入关键成功因素,分析内容如图3-5所示。

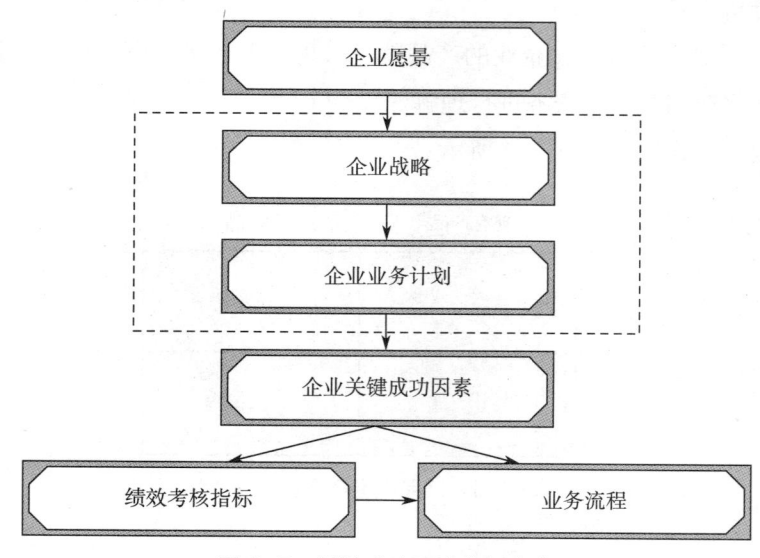

图3-5 关键成功因素分析内容

关键成功因素分析主要有两种常用方法：比较法和市场分析法。

1）比较法。该方法将本行业内成功企业与失败企业进行比较,分析差距及造成差距的原因,以此分析出关键成功因素。

2）市场分析法。该方法运用细分市场的原则分析整个行业市场,找出关键性的市场和具有战略意义的产品进行分析,最后确定企业的关键成功因素。

三、市场判断

在市场调研和环境分析的基础上,劳务派遣企业通过市场预测和目标市场选择完成市场判断。

1. 市场预测

(1)市场预测的内容。市场预测的内容如下。

1)需求预测。

2)销售预测。

3)购买力预测。

4)价格预测。

5)业务发展及发展趋势预测。

6)客户需求变化预测。

7)利润预测。

8)市场占有率预测。

(2)市场预测的方法。市场预测的方法见表3-11。

● 表3-11 市场预测的方法

预测方法分类	预测方法	方法说明
定性预测	集合意见法	由预测人员召集管理者和业务人员等,根据收集的信息资料和个人经验,对未来市场做出预测,最后把预测方案和意见集中起来,用平均数的方法对其中的数据进行数学处理,并根据实际工作情况进行修正,最终取得预测结果的方法
	专家意见法	依靠专家的知识、经验和分析判断能力,对市场未来的发展做出判断和预测的方法
	指标预测法	根据经济指标的变化与市场现象之间的关系,由经济指标的变化来分析、判断和预测市场未来变化的方法
	概率预测法	概率预测法分为主观概率预测法和客观概率预测法。主观概率预测法是预测者根据自己的实践经验和判断分析能力,对某种事件在未来发生的可能性进行预估的方法。客观概率预测法是指根据一个含有某种事件的试验被反复进行多次时该事件出现的相对次数,推断下次试验时事件出现概率的方法

续表

预测方法分类	预测方法	方法说明
定性预测	德尔菲预测法	依据系统的程序,采用匿名发表意见的方式,即专家之间不得互相讨论,不发生横向联系,只能与调查人员发生关系,通过多轮次调查专家对问卷所提问题的看法,经过反复征询、归纳、修改,最后汇总成专家基本一致的看法,作为预测的结果
定量预测	时间序列预测法	时间序列预测法包括移动平均法、指数平滑法、趋势延伸法和季节变动预测法
定量预测	回归预测法	回归预测法包括一元线性回归预测法、多元线性回归预测法和非线性回归预测法

2. 目标市场选择

（1）目标市场选择原则。劳务派遣企业选择目标市场,应以实用性、可行性和差异性为基本原则。

1）实用性,即目标市场有足够的规模、发展潜力与盈利吸引力,市场需求量能够为企业带来预期项目合作与利润。

2）可行性,即企业有能力进入目标市场并可通过营销行为满足目标市场客户群体的需求。

3）差异性,即目标市场客户需求存在差异性使得企业在某方面具有竞争优势。

（2）目标市场评估。劳务派遣企业要合理选择目标市场,首先应对通过分析得出的细分市场进行评估,一般从细分市场的规模和发展潜力、盈利吸引力和目标及资源匹配性3方面进行评估,见表3-12。

● 表3-12 目标市场评估明细表

细分市场评估内容	评估方法	评估应用
规模和发展潜力评估	定性预测方法,包括集体判断法、专家意见法等 定量预测方法,包括时间序列法、回归分析法等	规模和发展潜力并非越大越好,应选择规模与企业自身实力相匹配的细分市场
盈利吸引力评估	通用矩阵法,即从现有竞争对手、新竞争对手、替代产品、消费者议价能力及供应商议价能力5个方面加权打分的评估方法	选择经评估后盈利吸引力最高的细分市场为待选目标市场

续表

细分市场评估内容	评估方法	评估应用
目标及资源匹配性评估	观察法、小组会议法	舍弃不符合企业发展战略及企业现有力量无法满足的目标市场

（3）目标市场选择决策。劳务派遣企业依据目标市场评估结果，初步选出人力资源服务的目标市场后，还应进一步对自身业务与目标市场的匹配性做出决策，即选择派遣业务最终进入哪些目标市场。

企业的产品或服务在目标市场上的分布策略有 5 种，如图 3-6 所示。

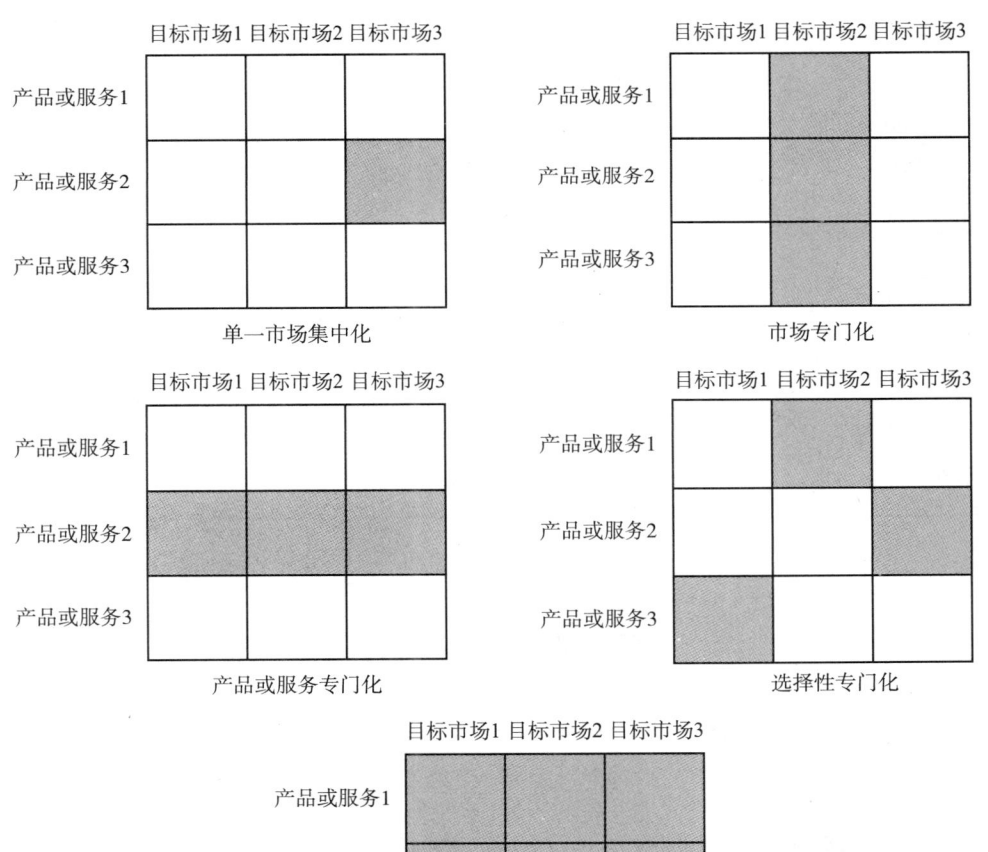

图 3-6　目标市场选择策略示意图

在进行目标市场选择时，劳务派遣企业可参照表3-13选择。

◆ 表3-13 目标市场选择策略参照表

目标市场选择	策略选择说明	策略选择特点	适用情况
单一市场集中化策略	选择一个目标市场，集中所有的资源和能力为这个目标市场的顾客服务	易占领目标市场、巩固市场地位、获得良好声誉及较高回报，但风险较大	适用于资金、人力等资源有限，企业规模较小的情况
市场专门化策略	针对某一类目标市场，以顾客不同需求为出发点，通过不同产品或服务满足其各方面需求	有利于顾客忠诚度的培养、建立固定顾客群体，但受市场波动影响较大	适用于产品或服务种类丰富、市场相对稳定可控的情况
产品或服务专门化策略	集中生产一种产品或提供一种服务，向所有目标市场的顾客销售该产品或服务	易树立良好的产品或服务声誉，树立品牌效应，但受替代品影响较大，需保持技术更新，成本相对较高	适用于产品或服务种类单一、专业化程度较高的情况
选择性专门化策略	选择几个目标市场，用不同的产品或服务满足需求。所选目标市场之间没有或只有微弱联系	可分散、降低经营风险，但不利于集中优势资源，因精力分散，成本较高	适用于新产品或服务上市、发展阶段或者企业开拓新市场的情况
完全市场覆盖策略	选择所有目标市场，用不同产品或服务全面覆盖市场需求	可获得较高回报，但投资巨大，管理难度大	适用于实力雄厚的大企业

第三节　顾客分析

一、顾客分类

顾客指的是购买商品和服务的个人或组织。消费者是购买或使用商品和服务的个人或组织。如果购买的商品和服务用于自身消费，则顾客就是消费者。

对于劳务派遣企业来说，顾客就是所有可能与之建立人力资源服务业务合作的用工单位或者个人。

企业的市场营销活动以顾客的需求为起点，以顾客需求的满足为终点，企业可以从不同的角度对顾客进行分类，主要有6种分类方法。

1. 从交易频次上划分顾客

从交易频次的角度划分企业的顾客，可以划分为新顾客、原有顾客和长期顾客。

（1）新顾客。新顾客指与企业发生初次交易互动关系的客户。

（2）原有顾客。原有顾客指已经与企业发生多次交易互动关系的客户。

（3）长期顾客。长期顾客指与企业发生长期的交易互动关系的客户。

划分标准都是相对的，对于某些行业来说新顾客可能就是长期顾客，如房地产企业的顾客。在买方市场形成和顾客维权意识不断增强的情况下，留住企业原有顾客远比争取新顾客的成本低得多。

2. 从是否达成交易划分顾客

从是否达成交易的角度，可以将顾客划分为现实顾客和潜在顾客。

（1）现实顾客。现实顾客是指已经实现了需求的顾客。现实顾客既有购买需求又有购买能力，且与企业已发生了交易关系。

（2）潜在顾客。潜在顾客是相对于现实顾客而言的，是可能成为现实顾客的个人或者组织。潜在顾客或有购买兴趣、购买需求，或有购买欲望、购买能力，但尚未与企业发生交易关系，是企业未来的现实顾客。

现实顾客与潜在顾客互为前提、互为条件，既相互影响、相互制约，又彼此渗透、互相交叉，共同作用于企业和市场。

企业如何把潜在顾客转化为现实顾客，是其能否进一步把企业做强、做大的一个核心问题。

3. 从情感角度划分顾客

从情感角度划分顾客，可以分为满意的顾客与不满意的顾客。

（1）满意的顾客。满意的顾客具体包括忠诚的顾客和满意但不忠诚的顾客。

1）忠诚的顾客。忠诚的顾客即老顾客与回头客，他们的消费行为具有下列特征：再购率高、价格承受力强、品牌转换率低、意见建议提出率高。对于劳务派遣企业来说，忠诚的顾客指多次达成业务合作的顾客。

2）满意但不忠诚的顾客。满意但不忠诚的顾客的消费行为具有下列特征：因其渴望得到多样化的需求满足，他们的消费行为往往有流失率和转换率高的特点。对于劳务派遣企业来说，合作十分愉快，但是未选择继续合作的顾客可以称为满意但不忠诚的顾客。

（2）不满意的顾客。不满意的顾客具体包括抱怨的顾客和投诉的顾客。

1）抱怨的顾客。顾客的抱怨行为是因其对企业产品或服务不满意而引起的，所以抱怨行为是不满意的具体行为反应。

2）投诉的顾客。投诉的顾客是指对企业产品质量或服务水平不满意而提出书面或口头上的异议、抗议、索赔并要求解决问题的顾客。

应当注意的是，满意的顾客是企业最好的广告，但只有忠诚的顾客才是企业利润最根本、最坚实的来源。所以，劳务派遣企业要积极主动地去培养顾客对企业人力资源服务的忠诚度。

4. 从角色分工的角度划分顾客

依据顾客在购买行为中所扮演的角色不同，可以将其划分为倡议者、影响者、决定者、购买者和使用者等。

（1）倡议者，即首先提出购买某种产品或服务的人。

（2）影响者，即其看法或建议会影响购买决定者的人。

（3）决定者，即最后做出购买决策的人（包括是否购买，买什么，何处、何时、何地购买）。

（4）购买者，即进行实际购买的人。

（5）使用者，即直接使用或消费所购买产品或服务的人。

由于劳务派遣业务合作不是一个简单的过程，当顾客以个人为单位合作时，5种角色可能同时由1人担任；当顾客以组织为单位合作时，5种角色常常由组织的不同部门分别担任。

5. 从普通与特殊角度划分顾客

从普通与特殊角度可以将顾客划分为普通顾客和特殊顾客。

（1）普通顾客。普通顾客就是一般意义上的顾客，包括一般的产品最终顾客和服务最终顾客。

（2）特殊顾客。特殊顾客往往是一些身份特殊或对于企业利润率有重大影响的组织或个人。特殊顾客往往包括供应商、中间商、竞争者顾客、政府顾客或关键顾客、金牌顾客等。

依据"二八原则"，即企业80%的利润来自20%的少数顾客，企业必须高度重视特殊顾客，坚持"有所为，有所不为"的顾客服务方针，不要均匀使用现有的稀缺资源，更不要幻想留住所有的顾客。

6. 从地域角度划分顾客

从地域角度划分顾客，可分为本地顾客、区域顾客、国内顾客和国际顾客等。一个有长远眼光的劳务派遣企业，通常更多考虑的是如何拓宽现有区域内自己的固有顾客群,以及如何才能尽快地赢得现有区域外的顾客。

二、顾客行为分析

对于劳务派遣企业来说,顾客购买行为是指用工单位为了满足自身的人力资源需要而购买劳务派遣服务的行动。了解顾客的购买行为模式对劳务派遣企业具有重要的意义。

1. 购买行为影响因素

影响顾客购买行为的因素既有外部因素(外界刺激),又有内部因素(组织特征)。外部因素为顾客做出何种购买决策提供条件,内部因素是顾客做出何种反应的根据,影响顾客购买行为的因素可以分为 3 种。

(1)文化因素,如组织文化、区域文化等。

(2)社会因素,如经济状况、劳动力情况、法律和政策等。

(3)导向因素,如组织发展战略、发展目标和发展方向等。

2. 顾客购买行为类型

购买不同类型的产品或服务所发生的购买行为会有明显的差别,按照顾客介入程度的高低和所购买产品或服务提供者的差异大小进行分类,顾客的购买行为可以分为 4 类,如图 3-7 所示。

图 3-7 顾客购买行为类型

各种购买行为类型具有不同的特点,企业可以根据不同的购买行为类型来制定市场营销策略,以期达到预期的营销目标。具体分析见表 3-14。

表 3-14　顾客购买行为类型分析表

顾客购买行为类型	顾客购买行为类型分析
复杂购买行为	定义：指顾客购买决策过程完整，要经历大量的信息收集、全面的评估、慎重的购买决策和认真的购后评价等各个阶段
	产生的条件：顾客介入程度高，并且了解现有各服务提供者、服务类别和质量之间存在显著的差异
	相应的营销策略：营销者应制定策略帮助顾客掌握相关知识，运用各种途径宣传自身的优点，以影响顾客最终的购买决定并简化其购买决策过程
寻求多样化购买行为	定义：指顾客购买行为有很大的随意性，并不深入收集信息和评估比较就决定购买某一提供者的产品或服务，在消费时才加以评估，而在下次购买时又会购买其他提供者的产品或服务
	产生的条件：顾客介入程度低，并且了解现有提供者和产品或服务品类之间具有的显著差异
	相应的营销策略：对于寻求多样化的购买行为，市场领导者和挑战者的营销策略是不同的 1. 市场领导者力图通过占有市场、避免供给不足和发布广告来鼓励顾客形成习惯性购买 2. 挑战者则以较低的价格、折扣、赠券、免费赠送附加服务和发布强调产品或服务某些特性的广告，鼓励顾客改变原习惯性购买行为
化解不协调购买行为	定义：指顾客并不广泛收集信息，并不精心挑选服务提供者，购买决策过程迅速而简单，但是购买后会认为自己所购买的产品或服务具有某些缺陷或其他同类产品或服务有更多的优点，进而产生失调感，并怀疑原先购买决策的正确性
	产生的条件：顾客介入程度高，但是并不认为各提供者之间有显著差异，顾客会产生减少产生失调感的购买行为
	相应的营销策略：营销者要提供完善的售后服务，通过各种途径经常提供有利于本企业产品或服务的信息，使顾客相信自己的购买决策是正确的
习惯性购买行为	定义：指顾客并未深入收集信息和评估产品或服务提供者，只是习惯于购买自己熟悉的提供者的产品或服务，在购买后可能评价也可能不评价
	产生的条件：顾客介入程度低，并认为各提供者之间没有什么显著差异，会产生习惯性购买行为
	相应的营销策略： 1. 利用价格优惠与销售活动吸引顾客购买 2. 发布大量重复性广告，加深顾客印象 3. 增加购买参与程度和服务提供者的差异

第四章

财税管理知识

第一节 财务管理基础知识

财务管理是企业管理的一个组成部分,它是根据国家财经法律法规和制度,按照财务管理规则来组织企业财务活动并处理财务关系的一项经济管理工作。具体来说,财务管理就是在企业整体战略目标下,对资产购置(投资)、资本融通(筹资)和经营中现金流量(营运资金)以及利润分配等进行的管理工作。

财务管理主要包含财务制度建设与管理、财务计划管理、财务预算管理、财务分析与财务报告、资产管理、成本费用管理、资金管理、收支结算管理、筹资管理和投资管理等10个方面的内容。

一、财务制度建设与管理

财务制度建设与管理是组织企业财务活动、处理财务关系的一项经济管理工作。企业财务制度建设与管理不仅要服从国家的原则性规定,还要遵循企业内部的规范性规定。

1. 国家制度制约因素

《中华人民共和国公司法》(以下简称《公司法》)对企业财务制度问题做了一些原则性规定。企业还必须遵守《中华人民共和国会计法》《企业会计准则》《企业财务通则》《小企业会计准则》等法律法规,依照法律、行政法规和国务院财政部门的规定建立本企业的财务制度。

2．内部制度规范因素

企业内部财务制度的建立依据是国家统一的财务制度，同时也应当充分考虑企业内部的经营特点以及财务管理要求，建立、健全内部会计控制制度，保护企业各项资产的安全与完整，保证会计信息资料的真实性、准确性。企业内部财务制度主要围绕财务活动基本准则、资金管理、成本管理、利润管理等方面制定。

二、财务计划管理

财务计划是以货币形式协调安排计划期内投资、筹资及财务成果的文件。制定财务计划的目的是为财务管理确定具体量化的目标。财务计划包括长期计划和短期计划。长期计划是指1年以上的计划，企业通常制定为期5年的长期计划，并将其作为实现企业战略的规划。短期计划是指企业年度的财务预算。

1．财务计划的内容

财务计划是企业以货币形式预计计划期内资金的取得与运用以及各项经营收支和财务成果的书面文件。其具体内容主要包括以下几项。

（1）明确的经营战略和财务目标。

（2）基本假设。

（3）战略描述。

（4）按时间、部门和类型等编制的各种预算。

（5）按资金来源和类型等划分的筹资计划。

（6）逐期预计的财务报表。

2．财务计划编制步骤

财务计划的编制一般分为3个步骤：首先，由企业最高管理机构根据财务决策提出一定时期的经营目标，并向各级、各部门下达规划指标；其次，各级、各部门在规划指标范围内编制本部门的预算草案；最后，财务部门或预算委员会对各部门预算草案进行审核、协调，汇总编制总预算并报企业负责人批准，批准通过后将预算下达各级、各部门执行。

三、财务预算管理

财务预算管理是利用预算形式对企业内部各部门的各种财务及非财务资源进行分

配、考核、控制，以便有效地组织和协调企业经营活动，完成既定经营目标的管理活动。企业财务预算应当围绕企业的战略要求和发展规划，以业务预算、资本预算为基础，以经营利润为目标，以现金流为核心进行编制，并主要以财务报表形式予以充分反映。

企业财务预算一般按年度编制，业务预算、资本预算、筹资预算分季度、月份落实。

一般情况下，企业编制财务预算应当包括长期投资和短期投资预算，固定资产购置预算，现金流量预算，生产成本预算，管理费用、财务费用、销售费用预算，销售收入和利润预算等类型。

四、财务分析与财务报告

财务分析是评价财务状况、衡量企业经营业绩的重要依据，也是企业经营者实施投资决策的重要步骤。

1. 财务分析的内容

财务分析的内容很多，根据其运用的资料和要达到的目的，可包括盈利能力分析、偿债能力分析、营运能力分析、发展能力分析等内容，见表4-1。

● 表4-1 财务分析的内容及说明

财务分析内容	内容说明
盈利能力分析	盈利能力分析就是根据财务报表等相关资料，分析企业获取利润的能力 反映盈利能力的指标有主营业务利润率、成本费用利润率、净资产收益率等
偿债能力分析	偿债能力是指企业以自有资产偿还所欠债务的能力，是反映企业对债权人债务的保障程度、企业持续经营能力与经营风险大小的指标 偿债能力分析包括短期偿债能力分析和长期偿债能力分析
营运能力分析	营运能力分析包括人力资源营运能力分析和资产营运能力分析 人力资源营运能力分析通常采用劳动效率指标进行，效率越高营运能力越强。资产营运能力分析指企业的总资产及其各个组成要素的运营能力，通过总资产周转率、固定资产周转率和流动资产周转率等指标反映
发展能力分析	发展能力分析是对企业的发展潜力、抗风险能力等进行的分析 发展能力可通过营业增长率、资本积累率、总资产增长率、资本平均增长率等指标反映

2. 财务分析的方法

常用的财务分析方法有比率分析法、趋势分析法、结构分析法等，见表4-2。

● 表4-2 财务分析的方法及说明

财务分析方法	方法说明
比率分析法	比率分析法指运用财务报表中相互关联的项目之间的百分比或比例关系，来揭示和评价企业财务状况变动程度和经营成果的方法 运用比率分析法可以定量分析企业的财务状况、盈利能力、偿债能力和营运能力等 此方法简便、实用，信息准确可靠，适合于绝大多数企业，是财务分析中最常用的一种分析方法
趋势分析法	趋势分析法指通过对比两期或连续数期财务报告中的相同指标，确定其增减变动的方向、数额和幅度，来说明企业财务状况或经营成果的变动趋势的方法。该方法可采用统计图表方式和比较报表方式进行 统计图表方式是指将有关项目各期数据制作成各种统计图表，以反映各项目不同期间数据的相互关系和变化趋势 比较报表方式是指在一般财务报表中设置历史数据栏目，将相同项目的连续数期数据并列在一起，以分析出这些项目数据的变化趋势
结构分析法	结构分析法指通过对总额内每一项目相对大小的对比，来分析企业各项资产和收益状况的方法 通过对企业的财务状况进行结构分析，可从总体上了解和评价企业的财务结构合理与否、企业偿债能力的强弱、企业盈利能力的强弱等 结构分析法所使用的财务数据资料主要来自企业的资产负债表，重点应分析企业的资产结构、负债结构和所有者权益结构

3. 财务分析报告格式

财务分析报告按其内容、范围不同，可分为综合分析报告、专题分析报告和简要分析报告。一般情况下，财务分析报告的结构和撰写要求见表4-3。

● 表4-3 财务分析报告的结构和撰写要求

内容结构	撰写要求
标题	简明扼要，准确反映报告的主题思想，如年度财务分析报告、盈利状况分析报告等
前言 （基本情况介绍）	1. 注明财务分析报告的分析期，即报告的时间范围 2. 对分析期内所分析的项目作简要说明，对企业计划执行情况和相应经济指标完成情况作大致介绍，概括反映分析期内企业经营的基本情况

续表

内容结构	撰写要求
正文 （各项财务指标的 完成情况和分析）	1. 一般要对企业的盈亏额、成本费用水平、资产运营情况及偿债能力等项目的实际指标与计划指标进行对比分析，与上年同期各项指标进行对比分析，与其历史同期最好水平进行对比分析，也可与同行业其他企业进行简要的对比分析 2. 要采用绝对数与相对数指标相结合的方式，分析各项经济指标已完成情况、未完成原因，总结采取的措施及取得的成绩、成功的经验和企业在经营过程中存在的问题。总之，要做到有数据、有比较、有分析
建议和要求	1. 应根据企业的具体情况，有针对性地提出一些建议 2. 对企业经营中的成绩和经验应加以推广，对发现的问题提出一些切实可行的建议以利于问题的解决
落款	注明报告编写单位及时间等

五、资产管理

资产是指企业由过去的交易或事项形成的、由企业拥有或控制的、预期会给企业带来经济利益的资源，包括存货、固定资产和无形资产等。资产是企业从事生产经营活动与实现发展战略目标的物质基础，企业管理资产的能力和水平会对自身的经营发展产生重要的影响。由于固定资产对企业影响较大，本节主要介绍固定资产管理。

1. 固定资产计价方式

固定资产计价主要分为按原始价值计价、按重置价值计价和按折余价值计价三种方式。

（1）按原始价值（历史成本）计价，即指按取得该项资产时实际付出的代价计价，有相应的凭证为依据，是固定资产计价的基本计价标准。

（2）按重置价值计价，是指在当前的条件下，按重新购置同样的固定资产所需付出的代价计价的方式。

（3）按折余价值计价，是指按固定资产原始价值减去已提折旧的余额计价。

2. 固定资产折旧方式

在固定资产折旧方式的选择上，企业应根据与固定资产有关的经济利益的预期实现方式，合理选择固定资产折旧方式。常见的固定资产计提折旧的方式有4种，见表4-4。

● 表4-4 固定资产计提折旧方式

计提折旧方式	操作说明
年限平均法	将固定资产折旧均衡分摊到各期计提折旧额
工作量法	根据实际工作量计提折旧额
双倍余额递减法	在不考虑固定资产预计残值的情况下,根据每期期初固定资产账面净值乘以固定不变的百分率计提固定资产折旧额
年数总和法	按固定资产应提折旧的总额乘以固定资产的变动折旧率计提折旧额

六、成本费用管理

一般来说,成本费用泛指企业在经营运作过程中所发生的各种资金耗费。加强成本费用管理,降低成本费用,可以改善企业的经营运作管理,提高经济效益。

1. 成本费用管理的内容

成本费用管理的内容见表4-5。

● 表4-5 成本费用管理的内容

内容	含义	作用和意义	常用方法
成本预测	利用成本资料并采用专门的方法,对未来的成本水平和变化趋势作出符合科学的推测	成本预测是编制成本计划、做出成本决策、进行成本控制的基础,有利于企业挖掘降低成本的潜力,全面提高企业的经营效益	定性预测法、定量预测法和因果预测法
成本决策	利用成本资料并采用专门的方法,从若干个可行的成本方案中选择最优方案的过程	成本决策是编制成本计划、进行成本控制的基础,它决定企业的经济效益	定性决策法和定量决策法
成本计划	以货币形式规定企业在计划期内产品生产耗费和各种产品的成本水平以及相应的成本降低水平和为此采取的主要措施的书面方案	成本计划是进行成本控制、成本分析和成本考核的重要依据	—
成本核算	对经营过程中实际发生的成本费用,按照一定的对象和标准进行归集和分配,计算并确定各个具体对象的成本并进行相应账务处理	成本核算是成本会计诸职能的基础,是最基本的成本会计职能。成本核算是对成本控制结果的事后反映	—

续表

内容	含义	作用和意义	常用方法
成本分析	以成本核算资料为基础，结合有关资料，采用专门方法，与计划成本、上年同期实际成本、本企业历史先进水平成本等进行比较，确定成本差异，研究产生差异的原因，改进成本管理工作，提高经济效益	成本分析一般在期末定期进行，也可以配合成本控制进行成本事中分析。通过成本分析，可为成本考核、成本预测、成本决策、编制成本计划提供资料，也为寻求降低成本的途径提供依据	—
成本控制	根据成本计划、各种费用定额和消耗定额，在经营过程中费用发生的同时，进行审查、监督，保证成本计划和有关定额的执行	成本控制的目的是及时发现偏差，纠正差异，挖掘降低成本、费用的潜力	成本控制分为事前控制和事中控制
成本考核	在成本分析的基础上，根据责任归属，以各责任者为成本考核对象，定期对成本计划执行结果进行评价和考核	根据考核结果进行奖励或处罚，进而调动员工积极性	成本考核一般包括上级单位对下级单位的考核和企业内部自我考核

2. 成本核算的步骤

成本核算一般分为4步。

（1）对费用进行审核和控制，确定各项费用应不应该发生，发生的数额是否合理，各项费用应该如何列支（是计入服务和产品成本、期间费用，还是由某一特定渠道列支）。在此基础上，确定应计入服务和产品成本的费用。

（2）对应计入服务和产品成本的费用和期间费用在各月份之间进行归集与分配。按照权责发生制原则，凡是本期已经发生的费用成本，不论其款项是否已经付出，都应当作为本期费用成本入账；凡是不属于本期费用成本的支出，即使款项已经在本期付出，也不应当作为本期的费用成本处理。

（3）将应计入本月服务和产品成本的费用在各种服务和产品之间进行归集与分配，以确定应由各种服务和产品负担的费用，为进行完工服务和产品的成本计算打好基础。

（4）对于既有完工服务和产品又有在服务和在产品的情况，采用一定的方法将月初在服务和在产品费用与本月费用之和在本月完工服务和产品与月末在服务和在产品之间进行归集和分配，计算出该种完工服务和产品与月末在服务和在产品的成本。

七、资金管理

资金管理是企业对资金来源和资金使用进行计划、控制、监督、考核等工作的总称。资金管理是财务管理的重要组成部分。

1. 资金管理的内容

资金管理主要包括固定资金管理、流动资金管理和专项资金管理。

（1）固定资金管理。固定资金管理是企业有计划地合理运用固定资金，保持企业固定资产良好运转状态，并通过更新、革新、改造不断提高固定资金的使用效益的工作。固定资金管理具体包括7项内容。

1）根据企业产品和服务的品种和经营规模，确定正常经营运作的固定资金需用量，合理而节约地使用固定资金。

2）组织固定资产的购建、验收、调出调入、内部转移、清产核资。

3）核算固定资金增减变化，维护企业投入资金的权益。

4）定期进行固定资金的清查和盘点，积极处理闲置设备。

5）按规定提取大修理基金、折旧基金和各项用于购建固定资产的专项基金，加强可行性研究，优化设备配置。

6）把资金管理和实物管理结合起来，实行固定资金分管责任制。

7）分析固定资金的利用状况，研究和制定提高固定资金使用效益的措施等。

（2）流动资金管理。流动资金管理是指通过监察企业的现金流量从而确保企业拥有足够的现金来运行其日常经营活动。加强企业流动资金管理，可以加速流动资金周转，减少流动资金占用，促进企业的经营发展，提高经营管理水平。

（3）专项资金管理。专项资金管理是指对企业专项资金和专用基金的设立、分配、使用和监督进行的管理。企业应建立专项资金使用管理责任制，不断提高专项资金的使用效率。

2. 资金管理的原则

对企业资金的管理应遵循以下4项原则。

（1）划清固定资金、流动资金、专项资金的使用界限，一般不能相互占用。

（2）实行计划管理，对各项资金的使用既要遵循国家财政政策的要求，又要按照企业的经营决策进行有效利用。

（3）统一集中管理与分口、分级管理相结合，建立资金使用责任制，促使企业内部各部门合理、节约地使用资金。

（4）财务会计部门与使用资金的有关部门分工协作，共同使用好企业资金。

八、收支结算管理

一般来说，收支指企业财物与资金的收入与支出，结算指把企业在某一时期内的所有的业务收支情况进行总结、核算。

1. 收支结算范围

收支结算范围包括收取范围和支付范围两方面。

收取范围包括：客户购买企业的服务产品或接受企业的劳务而支付的资金，客户的还款、赔偿款、罚款及退回的备用金，不到转账起点和无法办理转账的业务收入，必须收取资金的其他事宜。

支付范围包括：员工工资、各种工资性津贴，个人劳动报酬，支付给个人的各种奖金如先进个人奖奖金、突出贡献奖奖金等，各种劳保、福利费用以及国家规定的对个人的其他现金支出如退休金、抚恤金、困难员工生活补助费等，单位预借出差人员的差旅费，结算起点以下的零星支出，支付给个人的款项。

2. 收支结算规范

收支结算规范包括收支结算总体规范、收取规范和支付规范。

（1）收支结算总体规范。收支规范包括5方面要求。

1）除财务部门或受财务部门委托的财务人员或业务相关人员外，任何单位或个人都不得代表企业接收资金或与其他单位办理结算业务。

2）现金收支必须有相应的凭证和票据，避免出现现金收支不清、手续不全的情况。

3）财务人员不准以白条冲抵现金，不准擅自将现金借给其他单位或个人，不准将单位收入的现金以个人的名义存入银行。

4）现金收支要坚持做到日清月结，不得跨月、跨期处理现金账务。

5）财务人员因特殊原因不能及时履行职责时，必须由财务部门经理指定专人代其办理业务，财务人员不得私自委托。

（2）收取规范。收取规范包括5方面要求。

1）财务人员收取款项时，应仔细审核收款单据的各项内容。收款时，应将款项当面点清，并注意鉴别钞票的真伪。

2）款项收清后，财务人员要在收款凭证上加盖收讫章和财务人员的人名章，并及时编制会计凭证。

3）财务人员应将每一业务周期内的现金收入及时足额送存银行，不得坐支。

4）因业务需要，在企业外部收取大量款项时，应及时向财务部门和相关负责人汇报并妥善处置，不得存放在个人账户，更不得私自将现金带回家中。

5）非现金出纳人员代收款项现金时，要及时登记在"现金收付款项交接簿"中，并办理交接手续。

（3）支付规范。支付规范包括7方面要求。

1）支付现金时，可以从企业的库存现金中支付或者从开户银行提取，不得用企业的现金直接支付，如需坐支现金的，必须经财务部经理、财务总监和总经理同时批准。

2）款项支付后，财务人员要在付款凭证上加盖现金付讫章和财务人员人名章，并及时办理相关账务手续。

3）对于需支付现金的业务，财务人员必须根据审核无误、审批手续齐全的付款凭证支付现金，并要求经办人员在付款凭证上签上自己的名字，对于不符合规定或超出现金使用范围的支付业务，财务人员不得办理。

4）任何部门或个人都不得以任何理由私借、挪用公款。企业员工因工作需要借用资金时，应填写"借款单"，注明资金的用途，经部门经理批准后，再交由财务部门经理审核批准方可取用。

5）办理报销业务时，经办人要详细记录每一笔业务开支的实际情况，填写"支出凭单"，注明用途及金额。财务人员要严格审核应报销的原始凭证，审核无误后方可办理报销手续。

6）支付个人的临时工资、顾问费等时，财务人员要根据有关规定和直属领导的批示，依据经过审核的"支出凭单"办理，由经办人、收款人签字后方可支付现金。

7）由于业务经营急需使用大量资金，但又存在业务地点不确定、交通不便、银行结算不便等特殊情况的，由使用部门向财务部门提出申请，经财务部门经理和总经理批准后，方准许支付款项。

九、筹资管理

筹资是企业通过一定渠道或方式筹集资金的财务活动。为了有效地完成筹资目标，降低筹资成本，企业应选择适合自身实际情况的筹资方式。

1. 筹资渠道

常见的筹资渠道包括政府资金、银行借贷资金、企业之间的资金拆借、利用个人资金等，见表4-6。

表4-6 筹资渠道及具体说明

筹资渠道	具体说明
政府资金	政府对企业的投资历来是我国国有企业的主要资金来源，在企业各种资金来源中占有重要地位 在西方发达国家，也有许多公用事业和高风险的企业是依靠政府来投资的
银行借贷资金	企业借贷资金主要是指企业向商业银行申请的借款，这是企业筹资的主要渠道 借贷资金还包括企业向非银行金融机构如信托投资企业、租赁企业、保险企业及民间金融组织借贷的资金
企业之间的资金拆借	企业在经营过程中，往往有部分资金暂时闲置，如未动用的企业留用利润等，这些资金可在企业之间相互调剂利用 其他企业投入资金包括联营、入股、债券及各种商业信用，这些资金的拆借既有长期稳定的联合，又有短期的临时融通 其他企业投入资金往往同本企业的经营活动有密切联系，其有利于促进企业之间的经济联系，开拓本企业的经营业务，所以这种资金渠道得到广泛利用
利用个人资金	企业员工和城乡居民的投资都属于个人资金渠道 企业员工入股可以增强员工归属感，激发员工的工作积极性 有些企业向社会人员发行股票、债券，这一资金渠道对于盘活个人闲置资金具有重要的作用
企业自留资金	企业自留资金主要是指企业留用利润，可以用作企业的经营发展基金、产品或服务开发基金、后备基金、员工福利基金、员工奖励基金 经营发展基金、产品或服务开发基金、后备基金在一定条件下可转化为经营资金 随着企业经济效益的提高，企业自留资金的数额将日益增加
国际资本市场资金	国际资本市场筹资已成为当今企业筹资的重要方式，越来越多的企业都选择在海外上市，也有越来越多的资金投入国际资本市场
租赁筹资	租赁筹资是企业作为承租人，根据与出租人签订的租赁契约，付出一定的租金，来获得在规定时期内租赁物的使用权或经营权的一种筹资方式 租赁筹资分对设备的租赁筹资与对企业的租赁筹资两类

2. 筹资方式

常见的筹资方式包括发行股票、发行债券、银行借款等，见表4-7。

表4-7 筹资方式及具体说明

筹资方式	具体说明
发行股票	即企业通过发行股票进行筹资，这是企业筹集长期资金的重要方式
发行债券	即企业通过发行债券进行筹资，是企业筹集资金的又一重要方式
银行借款	即企业向银行申请贷款，通过信贷进行筹资

续表

筹资方式	具体说明
租赁	即出租人以收取租金为条件，在契约或合同规定的期限内，将资产出让给承租人使用。现代租赁是企业解决资金来源的一种筹资方式。按其性质划分，租赁分为经营性租赁和筹资性租赁两种
联营	与筹资直接有关的联营，主要是原有企业吸收其他投入资金和若干企业联合出资建立合资经营企业。兴办合资经营企业，能够集中多方面资金，扩大经营范围，以至建立规模较大的经济联合体。还可以同时进行技术、劳力、土地、资源等多种要素的联合，发挥各方面的优势，增强企业的活动和竞争能力
商业信用	是指商品交易中以延期付款或预收货款方式进行购销活动而形成的借贷关系，是企业之间的直接信用行为。其主要形式有先取货后付款和先付款后取货两种形式，是企业筹集短期资金的一种方式
企业内部积累	即企业内部资金的筹资方式，主要是利用企业留存收益即盈余公积金、公益金、未分配的利润等进行筹资。另外，西方国家的企业也有利用变卖企业资产筹资和利用企业应收账款筹资的方式。

上述各种不同的筹资方式是和不同的资金投向及筹集渠道相关联的，因此企业必须作出合理的选择。为了保护企业的长远利益，企业应以内部积累为首要筹资方式，以提高企业的适应能力，若要进行其他方式的筹资则应结合筹资速度的快慢、筹资弹性的大小、筹资成本的高低及风险的大小等因素进行综合考虑并加以选择。

十、投资管理

投资是指企业为了在未来可预见的时期内获得收益或是资金增值，在一定时期内向一定领域投放足够数额的资金或实物货币等价物的经济行为。科学合理地对投资活动进行管理可以有效帮助企业在未来实现价值增值。

1. 投资的分类

投资可按投资性质、投资对象的变现能力、投资目的进行分类，见表4-8。

● 表4-8 投资的分类

划分依据	分类	具体说明
按照投资性质分类	权益性投资	指为获取另一企业的权益或净资产所作的投资。这种投资的目的是为了取得另一企业的控制权，对另一企业实施重大影响

续表

划分依据	分类	具体说明
按照投资性质分类	债权性投资	指为取得债权所作的投资。这种投资的目的不是为了获得另一企业的剩余资产，而是为了获取高于同期银行存款利率的利息，并保证能够按期收回本金和利息
	混合性投资	指既有权益性质、又有债权性质的投资。如投资者购买上市企业对外发行的可转换企业债券等
按照投资对象的变现能力分类	易于变现的投资	指在证券市场上能够随时变现的投资。这类投资主要包括能够公开上市交易的股票和债券等
	不易于变现的投资	指不能轻易在证券市场上变现的投资。这类投资主要包括不能或没有条件公开上市交易的投资，如部分企业债券
按照投资目的分类	短期投资	指能够随时变现并且不准备持有超过1年时间（含1年）的投资。这种投资在很大程度上是为了使剩余资金"活化"，并通过这种方式取得高于银行存款利息的收入或价差收入，待需要使用时即可变现
	长期投资	指短期投资以外的投资。这种投资在很大程度上是为了积累整笔资金以供特定用途所需，或为了达到控制其他单位、对其他单位实施重大影响的目的，或出于其他长期性质的目的而进行的投资

2. 投资决策评价方法

投资决策评价方法主要包括4种，见表4-9。

● 表4-9 投资决策评价方法

主要方法	解释及说明	使用方法
净现值法	净现值指投资方案未来期间内现金流入量的现值和现金流出量的现值之差 净现值法是根据项目的净现值大小判定投资项目可行性的方法 净现值法由于考虑了货币的时间价值，因此其可靠性相对较高，但不便于对投资额相差较大的投资方案进行比较	先预测项目周期内现金流入量和流出量的时间分布和数额大小，然后根据一定的折现率（一般用资本成本）将其折现加总算出净现值。如果净现值大于0，说明投资项目的报酬率大于预定的贴现率，项目可行；如果净现值小于0，说明投资项目的报酬率小于预定的贴现率，项目不可行
现值指数法	现值指数指投资方案在未来期间现金净流入量的现值与初始投资额的现值之比，亦即单位投资额在未来期间可获得的收益现值的水平	当现值指数大于1时，说明该投资项目的报酬率大于预定的贴现率，方案可行；当现值指数小于1时，说明该投资项目的报酬率小于预定的贴现率，方案不可行；在若干个方案的比较中现值指数大者优先

续表

主要方法	解释及说明	使用方法
动态投资回收期法	动态投资回收期指用投资项目投产后所得的现金净流入量现值来回收初始投资所需的时间	投资早期收益越大的项目，回收期越短 投资的尽早回收可以避免环境变动造成的风险，但回收期的长短仅和项目前期的现金流量有关，它并不能反映投资回收后的效益状况 投资回收期多作为衡量项目风险和变现能力的指标
内含报酬率法	内含报酬率指能够使未来现金流入量现值等于未来现金流出量现值的贴现率，或者说是使投资方案净现值为零的贴现率	内含报酬率的计算通常需要运用"逐步测试法"，即估计一个贴现率，用它来计算方案的净现值。如果净现值为正数，说明方案本身的报酬率超过估计的贴现率，应提高贴现率后进一步测试；如果净现值为负数，说明方案本身的报酬率低于估计的贴现率，应降低贴现率后进一步测试。经过多次测试找出使净现值接近于零的贴现率，即为方案本身的内涵报酬率

第二节 税种分类知识

一、税种划分

税收种类，又称税种，是指一个国家税收体系中的具体税收种类，是基本的税收单元。依据征税对象的不同，可以将税收划分为不同的类别，而征税对象的不同也是将一个税种同另一个税种区别开来的重要标志，这表现为税种的名称一般以征税对象来命名。

税种分类主要有 5 种划分标准，分别是按征税对象划分、按税收管理和使用权限划分、按税收与价格的关系划分、按税负是否易于转嫁划分、按税率的形式划分。

1. 按征税对象划分

（1）对流转额的征税。对流转额的征税简称流转税或商品和劳务税。流转税主要有增值税、消费税和关税。

（2）对所得额的征税。对所得额的征税简称所得税，所得税主要有企业所得税、外商投资企业和外国企业所得税、个人所得税。

（3）对资源的征税。对资源的征税是对开发、利用和占有国有自然资源的单位和个人征收的一类税。对资源的征税主要有城镇土地使用税、资源税、土地增值税。

（4）对财产和行为的征税。对财产的征税是对纳税人所拥有或属其支配的财产数量或价值额征收的税。对行为的征税又称行为税。对财产和行为的征税主要有房产税、印花税、车船税、契税。

2. 按税收管理和使用权限划分

中央税、中央与地方共享税以及全国统一实行的地方税的立法权集中在中央，以保证中央政令统一，维护全国统一市场和企业平等竞争。

（1）中央税是指维护国家权益、实施宏观调控所必需的税种，具体包括消费税、关税、车辆购置税等。

（2）中央和地方共享税是指同经济发展直接相关的主要税种，具体包括增值税、企业所得税、个人所得税。

（3）地方税具体包括资源税、土地增值税、印花税、城市维护建设税、城镇土地使用税、房产税、车船税等。

3. 按税收与价格的关系划分

按税收与价格的关系划分，税收可分为价内税和价外税。税收与商品、服务或财产的价格有着密切的关系，对商品和服务的税收既可以包含于价格之中也可以在价格之外。

税款处于应税商品价格组成部分之中的税收称为价内税，如消费税、关税等。

税款不处于应税商品价格之中，不作为商品价格的一个组成部分的税收称为价外税，如增值税。

4. 按税负是否易于转嫁划分

根据税收负担是否易于转嫁可以划分为直接税和间接税。税负转嫁是指纳税人将依法缴纳的税款通过各种途径和方式部分或全部转嫁给他人负担的行为和过程。这种行为中最终承担税款的人称为负税人，税负转嫁表现为纳税人与负税人的非一致性。

直接税指税负不能转嫁，必须由纳税人直接承担的税收，如所得税、房产税等。

间接税指纳税人可以将税负转嫁给他人负担的税收，如增值税、关税等。

5. 按税率的形式划分

税率指税收的税额与征税对象之间的数量关系或比例关系。税率是计算税额的尺度，也是衡量税负轻重的重要标志。

按照税率形式的不同可以将税种划分为比例税、累进税和定额税，分别对应比例税率、累进税率、定额税率。

（1）比例税率。比例税率是指税基与税额成等比例变化，不以税基大小为转移的税率，是税负横向平衡的重要体现。增值税、企业所得税、城市维护建设税等均采用比例税率。

1）比例税率根据税率表现形式的不同划分为，以绝对额形式表示的额式比例税率和以百分比形式表示的率式比例税率。

2）比例税率根据征税对象或纳税人的使用方式划分为，统一比例税率和差别比例税率。

（2）累进税率。累进税率是指税额随税基的增加而按照其级别不断提高的税率。累进税率表现出税额增长速度大于税基的增长速度，应税数量越多或金额越大，适用税率也越高，数量或金额越小适用税率越低的特点，有利于调节收入差距和贫富水平，一般用于财产税、所得税。

累进税率根据计算方式和依据的不同分为两种形式，全额累进税率、超额累进税率。

1）全额累进税率，简称全累税率，即对征税对象的全部数量或金额按照与之相适应等级的税率计算税额。在征税对象提高到一个级距时，对征税对象金额都按高一级的税率征税。

2）超额累进税率，简称超累税率，即将征税对象的数额划分为若干等级，对每一个等级部分分别规定对应的税率，将各级别的税额分别计算，各级别税额之和为纳税总额。

（3）定额税率。定额税率，又称固定税率，指按照征税对象的计量单位规定固定的税额，通常适用于从量计征的税种。

定额税率计算简单，征收方便。因为以计量单位为依据进行计税，所以税收额受价格影响波动较小。现行的定额税率可以分为4种。

1）地区差别定额税率。对同一征税对象根据地区的不同分别规定不同的定额税率，是出于照顾不同地区的经济发展水平差别的目的规定的定额税率。

2）幅度定额税率。在中央统一规定的征税幅度内根据各地区的实际情况，确定相关纳税人的具体适用定额税率。

3）分类分级定额税率。将征税对象按照一定标准划分为类、项、级，按照不同的类、项和级由低到高规定相应的税额，等级高的税额高，等级低的税额低，具有累进税的性质。

4）三者结合的定额税率。对同一征税对象在地区差别税率或分类分级税率的前提下，实行幅度定额税率。

二、税种税率

现阶段在我国实施的税种共有18种：增值税、消费税、城市维护建设税、企业所得税、个人所得税、契税、房产税、印花税、城镇土地使用税、土地增值税、车船税、车辆购置税、资源税、耕地占用税、烟叶税、环境保护税、关税、船舶吨税。与劳务派遣管理相关的税种详细介绍如下。

1. 增值税

增值税是对商品生产、流通、劳务服务中多个环节的新增价值或商品的附加值征收的一种流转税。

目前，增值税已经成为我国最主要的税种之一，增值税的收入占全部税收的60%以上，是我国第一大税种。

（1）征税范围。在中华人民共和国境内销售的货物或者加工、修理修配劳务，销售服务、无形资产、不动产以及进口的货物。

（2）纳税人。在中华人民共和国境内销售货物或者加工、修理修配劳务，销售服务、无形资产、不动产以及进口货物的单位和个人，为增值税的纳税人。

（3）税率。自2019年4月1日起，一般纳税人增值税税率见表4-10。小规模纳税人适用征收率为3%。

● 表4-10 一般纳税人增值税税率表

序号	税目	税率
1	销售或者进口货物（除9～12项外）	13%
2	销售劳务	13%
3	有形动产租赁服务	13%
4	不动产租赁服务	9%
5	销售不动产	9%
6	建筑服务	9%
7	交通运输服务	9%
8	转让土地使用权	9%
9	饲料、化肥、农药、农机、农膜	9%
10	粮食等农产品、食用植物油、食用盐	9%
11	自来水、暖气、冷气、热水、煤气、石油液化气、天然气、二甲醚、沼气、居民用煤炭制品	9%

续表

序号	税目	税率
12	图书、报纸、杂志、音像制品、电子出版物	9%
13	邮政服务	9%
14	基础电信服务	9%
15	增值电信服务	6%
16	金融服务	6%
17	现代服务（除有形动产租赁、不动产租赁服务外）	6%
18	生活服务	6%
19	销售无形资产（除土地使用权外）	6%
20	出口货物（国务院另有规定的除外）	0%
21	跨境销售国务院规定范围内的服务、无形资产	0%

2. 消费税

消费税是以消费品的流转额作为征税对象的各种税收的统称，是政府向消费品征收的税项，征收环节单一，是多在生产或进口环节缴纳的一类流转税。消费税是对特定的消费品和消费行为在特定的环节征收的一种间接税。

（1）征税范围。消费税是在对货物普遍征收增值税的基础上，选择少数消费品再征收的一个税种，主要是为了调节产品结构，引导消费方向，保证国家财政收入。

现行消费税的征收范围主要包括烟、酒、高档化妆品、贵重首饰及珠宝玉石、鞭炮、焰火、成品油、摩托车、小汽车、高尔夫球及球具、高档手表、游艇、木制一次性筷子、实木地板、电池、涂料等税目。

（2）纳税人。在中华人民共和国境内生产、委托加工和进口《中华人民共和国消费税暂行条例》规定的消费品的单位和个人，以及国务院确定的销售《中华人民共和国消费税暂行条例》规定的消费品的其他单位和个人，为消费税的纳税人。

（3）税率。消费税包含定额税率和比例税率两种，不同的税目适用不同的税率。消费税共设置了15个税目，其中3个税目实行定额税率。消费税的比例税率最低1%，最高56%（气缸容量1.0升及以下的乘用车税率为1%，甲类卷烟税率为56%）。

3. 城市维护建设税

城市维护建设税又称城建税，是以纳税人实际缴纳的增值税、消费税税额为计税依据，依法计征的一种税。

（1）征税范围。城市维护建设税的征税范围包括城市、县城、建制镇以及税法规定征税的其他地区。城市、县城、建制镇的范围应根据行政区划作为划分标准，不得随意扩大或缩小各行政区域的管辖范围。

（2）纳税人。在中华人民共和国境内缴纳增值税、消费税的单位和个人，为城市维护建设税的纳税人。

（3）税率。纳税人所在地在市区的，税率为7%；纳税人所在地在县城、镇的，税率为5%；纳税人所在地不在市区、县城或者镇的，税率为1%。

4. 企业所得税

企业所得税是对我国境内的企业和其他取得收入的组织的生产经营所得和其他所得征收的一种所得税。

（1）征税范围。企业和其他取得收入的组织以货币形式和非货币形式从各种来源取得收入，为收入总额。收入总额包括销售货物收入，提供劳务收入，转让财产收入，股息、红利等权益性投资收益，利息收入，租金收入，特许权使用费收入，接受捐赠收入，其他收入。

（2）纳税人。在中华人民共和国境内，企业和其他取得收入的组织为企业所得税的纳税人。

（3）税率。企业所得税的税率为25%，非居民企业适用税率为20%。

5. 个人所得税

个人所得税是国家对本国公民、居住在本国境内的个人的所得和境外个人来源于本国的所得征收的一种税。

（1）征税范围。个人依法所获得的工资、薪金所得，劳务报酬所得，稿酬所得，特许权使用费所得，经营所得，利息、股息、红利所得，财产租赁所得，财产转让所得，偶然所得。

（2）纳税人。在中国境内有住所，或者无住所而一个纳税年度内在中国境内居住累计满183天的个人，为居民个人。居民个人从中国境内和境外取得的所得，依照《中华人民共和国个人所得税法》规定缴纳个人所得税。

在中国境内无住所又不居住，或者无住所而一个纳税年度内在中国境内居住累计不满183天的个人，为非居民个人。非居民个人从中国境内取得的所得，依照《中华人民共和国个人所得税法》规定缴纳个人所得税。

（3）税率。

1）综合所得（工资、薪金所得，劳务报酬所得，稿酬所得，特许权使用费所得），适用7级超额累进税率，按月应纳税所得额计算征税。该税率按个人工资薪金、劳务报酬、稿酬、特许权使用费应税所得额划分级距，最高一级为45%，最低一级为3%，共7级。

2）经营所得适用5级超额累进税率，最低一级为5%，最高一级为35%，共5级。

3）比例税率。对个人的利息、股息、红利所得，财产租赁所得，财产转让所得和偶然所得，按次计算征收个人所得税，适用20%的比例税率。

6. 契税

契税是指不动产（土地、房屋）产权发生转移变动时，就当事人所订契约按产价的一定比例向新业主（产权承受人）征收的一次性税收。

（1）征税范围。土地使用权出让；土地使用权转让，包括出售、赠予、互换；房屋买卖、赠予、互换。

（2）纳税人。在中华人民共和国境内转移土地、房屋权属，承受的单位和个人为契税的纳税人。

（3）税率。现行契税实行3%~5%的幅度比例税率。契税的具体适用税率由各省、自治区、直辖市人民政府在规定的幅度内根据实际情况自行确定。

7. 房产税

房产税是以房屋为征税对象，按房屋的计税余值或租金收入为计税依据，向产权所有人征收的一种财产税。

（1）征税范围。房产税的征税范围具体指开征房产税的地区。《中华人民共和国房产税暂行条例》规定，房产税在城市、县城、建制镇和工矿区征收。城市、县城、建制镇、工矿区的具体征税范围，由各省、自治区、直辖市人民政府确定。

（2）纳税人。房产税由产权所有人缴纳。产权属于全民所有的，由经营管理的单位缴纳；产权出典的，由承典人缴纳；产权所有人、承典人不在房产所在地的，或者产权未确定及租典纠纷未解决的，由房产代管人或者使用人缴纳。

（3）税率。房产税分为从价计征和从租计征两种情况，从价计征，年税率为1.2%；从租计征，年税率为12%。

8. 印花税

印花税是对经济活动和经济交往中订立、领受具有法律效力的凭证的行为所征收的一种税。其因采用在应税凭证上粘贴印花税票作为完税的标志而得名。

（1）征税范围。现行印花税只对《中华人民共和国印花税暂行条例》列举的凭证征收，没有列举的凭证不征税。

1）购销、加工承揽、建设工程承包、财产租赁、货物运输、仓储保管、借款、财产保险、技术合同或者具有合同性质的凭证。

2）产权转移书据。

3）营业账簿。

4）权利、许可证照。

5）经财政部确定征税的其他凭证。

（2）纳税人。在中华人民共和国境内书立、领受以上所列举凭证的单位和个人，都是印花税的纳税人。

（3）税率。印花税的税率有比例税率和定额税率两种。具体的印花税税目税率表见表4-11。

● 表4-11　印花税税目税率表

序号	税目	范围	税率	纳税人	说明
1	购销合同	包括供应、预购、采购、购销结合及协作、调剂、补偿、易货等合同	按购销金额0.3‰贴花	立合同人	
2	加工承揽合同	包括加工、定作、修缮、修理、印刷、广告、测绘、测试等合同	按加工或承揽收入0.5‰贴花	立合同人	
3	建设工程勘察设计合同	包括勘察、设计合同	按收取费用0.5‰贴花	立合同人	
4	建筑安装工程承包合同	包括建筑、安装工程承包合同	按承包金额0.3‰贴花	立合同人	
5	财产租赁合同	包括租赁房屋、船舶、飞机、机动车辆、机械、器具、设备等合同	按租赁金额1‰贴花。税额不足1元的按1元贴花	立合同人	
6	货物运输合同	包括民用航空运输、铁路运输、海上运输、内河运输、公路运输和联运合同	按运输费用0.5‰贴花	立合同人	单据作为合同使用的，按合同贴花
7	仓储保管合同	包括仓储、保管合同	按仓储保管费用1‰贴花	立合同人	仓单或栈单作为合同使用的，按合同贴花
8	借款合同	银行及其他金融组织和借款人（不包括银行同业拆借）所签订的借款合同	按借款金额0.05‰贴花	立合同人	单据作为合同使用的，按合同贴花
9	财产保险合同	包括财产、责任、保证、信用等保险合同	按保险费收入0.03‰贴花	立合同人	单据作为合同使用的，按合同贴花

续表

序号	税目	范围	税率	纳税人	说明
10	技术合同	包括技术开发、转让、咨询、服务等合同	按所载金额0.3‰贴花	立合同人	
11	产权转移书据	包括财产所有权和版权、商标专用权、专利权、专有技术使用权等转移书据	按所载金额0.5‰贴花	立据人	
12	营业账簿	对记载资金的营业账簿征收印花税,对其他营业账簿不征收印花税	按0.5‰贴花的资金账簿减半征收印花税	立账簿人	
13	权利、许可证照	包括政府部门发放的房屋产权证书、营业执照、商标注册证、专利证、土地使用证	每件5元	领受人	

9. 城镇土地使用税

城镇土地使用税是指国家在城市、县城、建制镇、工矿区范围内,对使用土地的单位和个人,以其实际占用的土地面积为计税依据,按照规定的税额计算征收的税种。

(1)征税范围。城市、县城、建制镇和工矿区的土地。城镇土地使用税对占用土地的行为征税,征税对象是土地。

(2)纳税人。在城市、县城、建制镇、工矿区范围内使用土地的单位和个人,为城镇土地使用税的纳税人。

(3)税率。城镇土地使用税采用定额税率,即采用有幅度的差别税额。按大、中、小城市和县城、建制镇、工矿区分别规定每平方米城镇土地使用税的年应纳税额。

应纳税额为大城市1.5元至30元,中等城市1.2元至24元,小城市0.9元至18元,县城、建制镇、工矿区0.6元至12元。

省、自治区、直辖市人民政府,在规定的税额幅度内,根据市政建设状况、经济繁荣程度等条件,确定所辖地区的适用税额幅度。

10. 土地增值税

土地增值税是指转让国有土地使用权、地上的建筑物及其附着物并取得收入的单位和个人,以转让所取得的收入(包括货币收入、实物收入和其他收入)减去法定扣除项目金额后的增值额为计税依据向国家缴纳的一种税,不包括以继承、赠予方式无偿转让房地产的行为。

（1）征税范围。

1）只对转让国有土地使用权的行为征税，对出让国有土地使用权的行为不征税。

2）既对转让国有土地使用权的行为征税，也对转让地上建筑物及其附着物产权的行为征税。

3）只对有偿转让的房地产征税，对以继承、赠予方式无偿转让的房地产，不予征税。不征收土地增值税的行为主要包括两种。

房产所有人、土地使用权所有人将房产权、土地使用权赠予直系亲属或承担直接赡养义务人。

房产所有人、土地使用权所有人通过中国境内非营利的社会团体、国家机关将房屋产权、土地使用权赠予教育、民政和其他社会福利、公益事业。

（2）纳税人。转让国有土地使用权、地上的建筑物及其附着物并取得收入的单位和个人，为土地增值税的纳税人。

（3）税率。土地增值税实行4级超率累进税率。

1）增值额未超过扣除项目金额50%的部分，税率为30%。

2）增值额超过扣除项目金额50%、未超过扣除项目金额100%的部分，税率为40%。

3）增值额超过扣除项目金额100%、未超过扣除项目金额200%的部分，税率为50%。

4）增值额超过扣除项目金额200%的部分，税率为60%。

11. 车船税

车船税是指在中华人民共和国境内的车辆、船舶的所有人或者管理人按照《中华人民共和国车船税法》应缴纳的税。

（1）征税范围。依法应当在我国车船管理部门登记的车船（除规定减免的车船外）。

（2）纳税人。在中华人民共和国境内属于《中华人民共和国车船税法》所附《车船税税目税额表》规定的车辆、船舶的所有人或者管理人，为车船税的纳税人。

（3）税率。车船税实行定额税率，对征税的车船规定单位固定税额。车船税的适用税额，依照《车船税税目税额表》执行。

车辆的具体适用税额由省、自治区、直辖市人民政府依照《车船税税目税额表》规定的税额幅度和国务院的规定确定。

船舶的具体适用税额由国务院在《车船税税目税额表》规定的税额幅度内确定。

12. 车辆购置税

车辆购置税是对在中华人民共和国境内购置应税车辆的单位和个人征收的税。

（1）征税范围。包括汽车、有轨电车、汽车挂车、排气量超过150毫升的摩托车。

（2）纳税人。在中华人民共和国境内购置汽车、有轨电车、汽车挂车、排气量超过150毫升的摩托车的单位和个人，为车辆购置税的纳税人。

（3）税率。车辆购置税实行从价定率的办法计算应纳税额，税率为10%。

13. 耕地占用税

耕地占用税是对在中华人民共和国境内占用耕地建设建筑物、构筑物或者从事非农业建设的单位和个人征收的税。

（1）征税范围。包括纳税人为建设建筑物、构筑物或者从事非农业建设而占用的用于种植农作物的土地。

（2）纳税人。占用耕地建设建筑物、构筑物或者从事非农业建设的单位或者个人，为耕地占用税的纳税人。

（3）税率。耕地占用税适用地区差别定额税率。具体规定如下。

1）人均耕地不超过1亩的地区（以县、自治县、不设区的市、市辖区为单位，下同），每平方米为10~50元。

2）人均耕地超过1亩但不超过2亩的地区，每平方米为8~40元。

3）人均耕地超过2亩但不超过3亩的地区，每平方米为6~30元。

4）人均耕地超过3亩的地区，每平方米为5~25元。

在人均耕地低于0.5亩的地区，省、自治区、直辖市可以根据当地经济发展情况，适当提高耕地占用税的适用税额，但提高的部分不得超过上述第二款确定的适用税额的50%。

第五章

法律法规知识

第一节 《中华人民共和国民法典》相关知识

一、法律概述

《中华人民共和国民法典》(以下简称《民法典》)被称为"社会生活的百科全书",是中华人民共和国第一部以法典命名的法律,是一部固根本、稳预期、利长远的基础性法律,在中国特色社会主义法律体系中具有重要地位。

2020年5月28日,第十三届全国人民代表大会第三次会议通过了《民法典》,自2021年1月1日起施行。

二、主要内容

《民法典》是新时代我国社会主义法治建设的重大成果,是我国法治建设道路上的重要里程碑。《民法典》对推进全面依法治国、加快建设社会主义法治国家、加快建设社会主义市场经济、巩固社会主义基本经济制度,对坚持以人民为中心的发展思想、依法维护人民权益、推动我国人权事业发展,对推进国家治理体系和治理能力现代化,都具有重要意义。

《民法典》由7编及附则构成,共1 260条,各编依次为总则、物权、合同、人格权、婚姻家庭、继承、侵权责任。劳务派遣管理员应掌握《民法典》中以下内容。

1. 自然人

《民法典》第 13 条规定：

自然人从出生时起到死亡时止，具有民事权利能力，依法享有民事权利，承担民事义务。

《民法典》第 14 条规定：

自然人的民事权利能力一律平等。

2. 法人

（1）一般规定。《民法典》第 57 条规定：

法人是具有民事权利能力和民事行为能力，依法独立享有民事权利和承担民事义务的组织。

《民法典》第 58 条规定：

法人应当依法成立。

法人应当有自己的名称、组织机构、住所、财产或者经费。法人成立的具体条件和程序，依照法律、行政法规的规定。

设立法人，法律、行政法规规定须经有关机关批准的，依照其规定。

（2）营利法人。《民法典》第 76 条规定：

以取得利润并分配给股东等出资人为目的成立的法人，为营利法人。

营利法人包括有限责任公司、股份有限公司和其他企业法人等。

《民法典》第 77 条规定：

营利法人经依法登记成立。

《民法典》第 78 条规定：

依法设立的营利法人，由登记机关发给营利法人营业执照。营业执照签发日期为营利法人的成立日期。

（3）非营利法人。《民法典》第 87 条规定：

为公益目的或者其他非营利目的成立，不向出资人、设立人或者会员分配所取得利润的法人，为非营利法人。

非营利法人包括事业单位、社会团体、基金会、社会服务机构等。

（4）特别法人。《民法典》第 96 条规定：

本节规定的机关法人、农村集体经济组织法人、城镇农村的合作经济组织法人、基层群众性自治组织法人，为特别法人。

（5）非法人组织。《民法典》第 102 条规定：

非法人组织是不具有法人资格，但是能够依法以自己的名义从事民事活动的组织。

非法人组织包括个人独资企业、合伙企业、不具有法人资格的专业服务机构等。

法人的有关知识是劳务派遣管理员开展业务时需要首先了解的，有利于其在应对不同的合作对象时明确对方组织性质，也方便其调查合作对象的营业资质。

3. 劳动伤害的责任

《民法典》第1191条规定：

用人单位的工作人员因执行工作任务造成他人损害的，由用人单位承担侵权责任。用人单位承担侵权责任后，可以向有故意或者重大过失的工作人员追偿。

劳务派遣期间，被派遣的工作人员因执行工作任务造成他人损害的，由接受劳务派遣的用工单位承担侵权责任；劳务派遣单位有过错的，承担相应的责任。

此处是《民法典》中唯一一处直接提到"劳务派遣"的地方，所涉及的内容也是劳务派遣中比较常见且容易引起纠纷的问题，即被派遣人员因执行工作任务造成他人损害时，由谁承担责任。从此条可以得出答案，即"由接受劳务派遣的用工单位承担侵权责任；劳务派遣单位有过错的，承担相应的责任"。

4. 合同编

劳务派遣管理员还应掌握合同编的有关内容。

第二节 《中华人民共和国劳动法》相关知识

一、法律概述

《中华人民共和国劳动法》（以下简称《劳动法》）是为了保护劳动者的合法权益，调整劳动关系，建立和维护适应社会主义市场经济的劳动制度，促进经济发展和社会进步而制定的。

本法于1994年7月5日第八届全国人民代表大会常务委员会第八次会议通过，自1995年1月1日起施行。

根据2009年8月27日第十一届全国人民代表大会常务委员会第十次会议《关于修改部分法律的决定》第一次修正。根据2018年12月29日第十三届全国人民代表大会常务委员会第七次会议《关于修改〈中华人民共和国劳动法〉第七部法律的决定》第二次修正。

二、主要内容

《劳动法》的意义在于它是劳动者保护法，其基本宗旨是保护劳动者的合法权益，同时也考虑到保障企业权益，有利于建立稳定和谐的劳动关系、维护经济和社会秩序稳定。《劳动法》总结了我国长期以来劳动工作的成功经验，肯定了劳动体制改革的丰硕成果，进一步明确了劳动体制改革的方向，以法律形式肯定了劳动者的择业自主权和企业用人自主权，对于进一步深化经济体制改革，完善劳动力市场，建立现代企业制度，起到了强有力的推动作用。

《劳动法》共13章，107条。劳务派遣管理员应掌握《劳动法》中的以下内容。

1. 适用范围

《劳动法》第2条规定：

在中华人民共和国境内的企业、个体经济组织（以下统称用人单位）和与之形成劳动关系的劳动者，适用本法。

国家机关、事业组织、社会团体和与之建立劳动合同关系的劳动者，依照本法执行。

2. 劳动者的权利与义务

《劳动法》第3条规定：

劳动者享有平等就业和选择职业的权利、取得劳动报酬的权利、休息休假的权利、获得劳动安全卫生保护的权利、接受职业技能培训的权利、享受社会保险和福利的权利、提请劳动争议处理的权利以及法律规定的其他劳动权利。

劳动者应当完成劳动任务，提高职业技能，执行劳动安全卫生规程，遵守劳动纪律和职业道德。

3. 用人单位的权利与义务

《劳动法》第4条规定：

用人单位应当依法建立和完善规章制度，保障劳动者享有劳动权利和履行劳动义务。

4. 就业

《劳动法》规定，国家支持劳动者自愿组织起来就业和从事个体经营实现就业。并规定了劳动权利平等以及未成年人保护事项。具体内容如下：

第十二条　劳动者就业，不因民族、种族、性别、宗教信仰不同而受歧视。

第十三条　妇女享有与男子平等的就业权利。在录用职工时，除国家规定的不适合妇女的工种或者岗位外，不得以性别为由拒绝录用妇女或者提高对妇女的录用标准。

第十四条　残疾人、少数民族人员、退出现役的军人的就业，法律、法规有特别规定的，从其规定。

第十五条　禁止用人单位招用未满十六周岁的未成年人。

文艺、体育和特种工艺单位招用未满十六周岁的未成年人，必须遵守国家有关规定，并保障其接受义务教育的权利。

5. 劳动合同

（1）劳动合同的订立原则。《劳动法》第17条规定：

订立和变更劳动合同，应当遵循平等自愿、协商一致的原则，不得违反法律、行政法规的规定。

劳动合同依法订立即具有法律约束力，当事人必须履行劳动合同规定的义务。

（2）劳动合同的无效情形。《劳动法》第18条规定，下列劳动合同无效：

（一）违反法律、行政法规的劳动合同；

（二）采取欺诈、威胁等手段订立的劳动合同。

无效的劳动合同，从订立的时候起，就没有法律约束力。确认劳动合同部分无效的，如果不影响其余部分的效力，其余部分仍然有效。

劳动合同的无效，由劳动争议仲裁委员会或者人民法院确认。

（3）劳动合同的内容。《劳动法》第19条规定，劳动合同应当以书面形式订立，并具备以下条款：

（一）劳动合同期限；

（二）工作内容；

（三）劳动保护和劳动条件；

（四）劳动报酬；

（五）劳动纪律；

（六）劳动合同终止的条件；

（七）违反劳动合同的责任。

劳动合同除前款规定的必备条款外，当事人可以协商约定其他内容。

（4）劳动合同的解除和终止。《劳动法》第23条规定：

劳动合同期满或者当事人约定的劳动合同终止条件出现，劳动合同即行终止。

《劳动法》第24条规定：

经劳动合同当事人协商一致，劳动合同可以解除。

1）用人单位直接解除劳动合同的情形。《劳动法》第25条规定，劳动者有下列情形之一的，用人单位可以解除劳动合同：

（一）在试用期间被证明不符合录用条件的；

（二）严重违反劳动纪律或者用人单位规章制度的；

（三）严重失职，营私舞弊，对用人单位利益造成重大损害的；

（四）被依法追究刑事责任的。

2）用人单位解除劳动合同但应提前通知的情形。《劳动法》第26条规定，有下列情形之一的，用人单位可以解除劳动合同，但是应当提前三十日以书面形式通知劳动者本人：

（一）劳动者患病或者非因工负伤，医疗期满后，不能从事原工作也不能从事由用人单位另行安排的工作的；

（二）劳动者不能胜任工作，经过培训或者调整工作岗位，仍不能胜任工作的；

（三）劳动合同订立时所依据的客观情况发生重大变化，致使原劳动合同无法履行，经当事人协商不能就变更劳动合同达成协议的。

3）用人单位不得解除劳动合同的情形。《劳动法》第29条规定，劳动者有下列情形之一的，用人单位不得依据《劳动法》第26条、第27条的规定解除劳动合同：

（一）患职业病或者因工负伤并被确认丧失或者部分丧失劳动能力的；

（二）患病或者负伤，在规定的医疗期内的；

（三）女职工在孕期、产期、哺乳期内的；

（四）法律、行政法规规定的其他情形。

4）劳动者解除劳动合同。《劳动法》第31条规定：

劳动者解除劳动合同，应当提前三十日以书面形式通知用人单位。

《劳动法》第32条规定，有下列情形之一的，劳动者可以随时通知用人单位解除劳动合同：

（一）在试用期内的；

（二）用人单位以暴力、威胁或者非法限制人身自由的手段强迫劳动的；

（三）用人单位未按照劳动合同约定支付劳动报酬或者提供劳动条件的。

6. 工作时间和休息休假

（1）工作时间。关于工作时间，《劳动法》作了如下规定。

第三十六条　国家实行劳动者每日工作时间不超过八小时、平均每周工作时间不超过四十四小时的工时制度。

第三十七条　对实行计件工作的劳动者，用人单位应当根据本法第三十六条规定的工时制度合理确定其劳动定额和计件报酬标准。

第三十八条　用人单位应当保证劳动者每周至少休息一日。

第三十九条　企业因生产特点不能实行本法第三十六条、第三十八条规定的，经劳动行政部门批准，可以实行其他工作和休息办法。

（2）休假日期。关于休假日期，《劳动法》作了如下规定。

第四十条　用人单位在下列节日期间应当依法安排劳动者休假：

（一）元旦；

（二）春节；

（三）国际劳动节；

（四）国庆节；

（五）法律、法规规定的其他休假节日。

第四十一条　用人单位由于生产经营需要，经与工会和劳动者协商后可以延长工作时间，一般每日不得超过一小时；因特殊原因需要延长工作时间的，在保障劳动者身体健康的条件下延长工作时间每日不得超过三小时，但是每月不得超过三十六小时。

（3）休假工作的报酬。关于休假期间安排劳动者工作的报酬，《劳动法》作了如下规定。

第四十四条　有下列情形之一的，用人单位应当按照下列标准支付高于劳动者正常工作时间工资的工资报酬：

（一）安排劳动者延长工作时间的，支付不低于工资的百分之一百五十的工资报酬；

（二）休息日安排劳动者工作又不能安排补休的，支付不低于工资的百分之二百的工资报酬；

（三）法定休假日安排劳动者工作的，支付不低于工资的百分之三百的工资报酬。

（4）带薪年假。关于带薪年假，《劳动法》作了如下规定。

第四十五条　国家实行带薪年休假制度。

劳动者连续工作一年以上的，享受带薪年休假。具体办法由国务院规定。

7. 工资

（1）工资分配的原则。关于工资分配的原则，《劳动法》第46条规定：

工资分配应当遵循按劳分配原则，实行同工同酬。

工资水平在经济发展的基础上逐步提高。国家对工资总量实行宏观调控。

（2）最低工资保障制度。《劳动法》第48条规定：

国家实行最低工资保障制度。最低工资的具体标准由省、自治区、直辖市人民政府规定，报国务院备案。

用人单位支付劳动者的工资不得低于当地最低工资标准。

8. 劳动安全卫生

（1）用人单位的义务。关于用人单位的义务，《劳动法》作了如下规定。

第五十二条　用人单位必须建立、健全劳动安全卫生制度，严格执行国家劳动安全卫生规程和标准，对劳动者进行劳动安全卫生教育，防止劳动过程中的事故，减少职业危害。

第五十三条　劳动安全卫生设施必须符合国家规定的标准。

新建、改建、扩建工程的劳动安全卫生设施必须与主体工程同时设计、同时施工、同时投入生产和使用。

第五十四条　用人单位必须为劳动者提供符合国家规定的劳动安全卫生条件和必要的劳动防护用品，对从事有职业危害作业的劳动者应当定期进行健康检查。

（2）劳动者的义务。关于劳动者的义务，《劳动法》作了如下规定。

第五十五条　从事特种作业的劳动者必须经过专门培训并取得特种作业资格。

第五十六条　劳动者在劳动过程中必须严格遵守安全操作规程。

9. 女职工和未成年工特殊保护

（1）未成年工的定义。《劳动法》第58条规定：

未成年工是指年满十六周岁未满十八周岁的劳动者。

（2）未成年工保护的内容。关于未成年工保护，《劳动法》作了如下规定。

第六十四条　不得安排未成年工从事矿山井下、有毒有害、国家规定的第四级体力劳动强度的劳动和其他禁忌从事的劳动。

第六十五条　用人单位应当对未成年工定期进行健康检查。

（3）女职工保护的内容，详见后文对《女职工劳动保护特别规定》有关内容的介绍。

10. 社会保险和福利

（1）社会保险具有强制性。《劳动法》第72条规定：

社会保险基金按照保险类型确定资金来源，逐步实行社会统筹。用人单位和劳动者必须依法参加社会保险，缴纳社会保险费。

（2）劳动者依法享受社会保险待遇的情形。《劳动法》第73条规定，劳动者在下列情形下，依法享受社会保险待遇：

（一）退休；

（二）患病、负伤；

（三）因工伤残或者患职业病；

（四）失业；

（五）生育。

劳动者死亡后，其遗属依法享受遗属津贴。

劳动者享受社会保险待遇的条件和标准由法律、法规规定。

劳动者享受的社会保险金必须按时足额支付。

11. 劳动争议

（1）劳动争议的解决办法。《劳动法》第77条规定：

用人单位与劳动者发生劳动争议，当事人可以依法申请调解、仲裁、提起诉讼，也可以协商解决。

调解原则适用于仲裁和诉讼程序。

（2）解决劳动争议的原则。《劳动法》第78条规定：

解决劳动争议，应当根据合法、公正、及时处理的原则，依法维护劳动争议当事人的合法权益。

12. 法律责任

劳务派遣管理员应熟练掌握法律责任相关内容，避免触碰法律红线，给企业带来损失。关于法律责任，《劳动法》作了如下规定。

第八十九条　用人单位制定的劳动规章制度违反法律、法规规定的，由劳动行政部门给予警告，责令改正；对劳动者造成损害的，应当承担赔偿责任。

第九十条　用人单位违反本法规定，延长劳动者工作时间的，由劳动行政部门给予警告，责令改正，并可以处以罚款。

第九十一条　用人单位有下列侵害劳动者合法权益情形之一的，由劳动行政部门责令支付劳动者的工资报酬、经济补偿，并可以责令支付赔偿金：

（一）克扣或者无故拖欠劳动者工资的；

（二）拒不支付劳动者延长工作时间工资报酬的；

（三）低于当地最低工资标准支付劳动者工资的；

（四）解除劳动合同后，未依照本法规定给予劳动者经济补偿的。

第九十二条　用人单位的劳动安全设施和劳动卫生条件不符合国家规定或者未向劳动者提供必要的劳动防护用品和劳动保护设施的，由劳动行政部门或者有关部门责令改正，可以处以罚款；情节严重的，提请县级以上人民政府决定责令停产整顿；对事故隐患不采取措施，致使发生重大事故，造成劳动者生命和财产损失的，对责任人员依照刑法有关规定追究刑事责任。

第九十三条 用人单位强令劳动者违章冒险作业，发生重大伤亡事故，造成严重后果的，对责任人员依法追究刑事责任。

第九十四条 用人单位非法招用未满十六周岁的未成年人的，由劳动行政部门责令改正，处以罚款；情节严重的，由市场监督管理部门吊销营业执照。

第九十五条 用人单位违反本法对女职工和未成年工的保护规定，侵害其合法权益的，由劳动行政部门责令改正，处以罚款；对女职工或者未成年工造成损害的，应当承担赔偿责任。

第九十六条 用人单位有下列行为之一，由公安机关对责任人员处以十五日以下拘留、罚款或者警告；构成犯罪的，对责任人员依法追究刑事责任：

（一）以暴力、威胁或者非法限制人身自由的手段强迫劳动的；

（二）侮辱、体罚、殴打、非法搜查和拘禁劳动者的。

第九十七条 由于用人单位的原因订立的无效合同，对劳动者造成损害的，应当承担赔偿责任。

第九十八条 用人单位违反本法规定的条件解除劳动合同或者故意拖延不订立劳动合同的，由劳动行政部门责令改正；对劳动者造成损害的，应当承担赔偿责任。

第九十九条 用人单位招用尚未解除劳动合同的劳动者，对原用人单位造成经济损失的，该用人单位应当依法承担连带赔偿责任。

第一百条 用人单位无故不缴纳社会保险费的，由劳动行政部门责令其限期缴纳；逾期不缴的，可以加收滞纳金。

第一百零一条 用人单位无理阻挠劳动行政部门、有关部门及其工作人员行使监督检查权，打击报复举报人员的，由劳动行政部门或者有关部门处以罚款；构成犯罪的，对责任人员依法追究刑事责任。

第一百零二条 劳动者违反本法规定的条件解除劳动合同或者违反劳动合同中约定的保密事项，对用人单位造成经济损失的，应当依法承担赔偿责任。

第一百零三条 劳动行政部门或者有关部门的工作人员滥用职权、玩忽职守、徇私舞弊，构成犯罪的，依法追究刑事责任；不构成犯罪的，给予行政处分。

第一百零四条 国家工作人员和社会保险基金经办机构的工作人员挪用社会保险基金，构成犯罪的，依法追究刑事责任。

第一百零五条 违反本法规定侵害劳动者合法权益，其他法律、行政法规已规定处罚的，依照该法律、行政法规的规定处罚。

第三节 《中华人民共和国劳动合同法》相关知识

一、法律概述

《中华人民共和国劳动合同法》(以下简称《劳动合同法》)由第十届全国人民代表大会常务委员会第二十八次会议于 2007 年 6 月 29 日通过，自 2008 年 1 月 1 日起施行。

《全国人民代表大会常务委员会关于修改〈中华人民共和国劳动合同法〉的决定》由中华人民共和国第十一届全国人民代表大会常务委员会第三十次会议于 2012 年 12 月 28 日通过，自 2013 年 7 月 1 日起施行。

二、主要内容

《劳动合同法》完善了我国劳动合同领域有关制度，明确了劳动合同双方当事人的权利和义务，保护了劳动者的合法权益，有利于构建和发展和谐稳定的劳动关系。《劳动合同法》共 8 章，98 条。劳务派遣管理员应掌握《劳动合同法》的以下内容。

1. 劳动合同

关于劳动合同，《劳动合同法》相较于《劳动法》作了更加详细全面的规定。

（1）劳动合同的订立时间。《劳动合同法》第 10 条规定：

建立劳动关系，应当订立书面劳动合同。

已建立劳动关系，未同时订立书面劳动合同的，应当自用工之日起一个月内订立书面劳动合同。

用人单位与劳动者在用工前订立劳动合同的，劳动关系自用工之日起建立。

（2）劳动合同的内容。《劳动合同法》第 17 条规定，劳动合同应当具备以下条款：

（一）用人单位的名称、住所和法定代表人或者主要负责人；

（二）劳动者的姓名、住址和居民身份证或者其他有效身份证件号码；

（三）劳动合同期限；

（四）工作内容和工作地点；

（五）工作时间和休息休假；

（六）劳动报酬；

（七）社会保险；

（八）劳动保护、劳动条件和职业危害防护；

（九）法律、法规规定应当纳入劳动合同的其他事项。

劳动合同除前款规定的必备条款外，用人单位与劳动者可以约定试用期、培训、保守秘密、补充保险和福利待遇等其他事项。

（3）试用期相关规定。关于试用期，《劳动合同法》作了如下规定。

第十九条　劳动合同期限三个月以上不满一年的，试用期不得超过一个月；劳动合同期限一年以上不满三年的，试用期不得超过二个月；三年以上固定期限和无固定期限的劳动合同，试用期不得超过六个月。

同一用人单位与同一劳动者只能约定一次试用期。

以完成一定工作任务为期限的劳动合同或者劳动合同期限不满三个月的，不得约定试用期。

试用期包含在劳动合同期限内。劳动合同仅约定试用期的，试用期不成立，该期限为劳动合同期限。

第二十条　劳动者在试用期的工资不得低于本单位相同岗位最低档工资或者劳动合同约定工资的百分之八十，并不得低于用人单位所在地的最低工资标准。

第二十一条　在试用期中，除劳动者有本法第三十九条和第四十条第一项、第二项规定的情形外，用人单位不得解除劳动合同。用人单位在试用期解除劳动合同的，应当向劳动者说明理由。

（4）劳动合同的无效情形。关于劳动合同的无效情形，《劳动合同法》作了如下规定。

第二十六条　下列劳动合同无效或者部分无效：

（一）以欺诈、胁迫的手段或者乘人之危，使对方在违背真实意思的情况下订立或者变更劳动合同的；

（二）用人单位免除自己的法定责任、排除劳动者权利的；

（三）违反法律、行政法规强制性规定的。

对劳动合同的无效或者部分无效有争议的，由劳动争议仲裁机构或者人民法院确认。

第二十七条　劳动合同部分无效，不影响其他部分效力的，其他部分仍然有效。

第二十八条　劳动合同被确认无效，劳动者已付出劳动的，用人单位应当向劳动者支付劳动报酬。劳动报酬的数额，参照本单位相同或者相近岗位劳动者的劳动报酬确定。

（5）劳动合同的解除和终止。关于劳动合同的解除和终止，《劳动合同法》也作了详尽的规定。

1）劳动者解除劳动合同。关于劳动者解除劳动合同，《劳动合同法》作了如下规定。

第三十七条　劳动者提前三十日以书面形式通知用人单位，可以解除劳动合同。劳动者在试用期内提前三日通知用人单位，可以解除劳动合同。

第三十八条　用人单位有下列情形之一的，劳动者可以解除劳动合同：

（一）未按照劳动合同约定提供劳动保护或者劳动条件的；

（二）未及时足额支付劳动报酬的；

（三）未依法为劳动者缴纳社会保险费的；

（四）用人单位的规章制度违反法律、法规的规定，损害劳动者权益的；

（五）因本法第二十六条第一款规定的情形致使劳动合同无效的；

（六）法律、行政法规规定劳动者可以解除劳动合同的其他情形。

用人单位以暴力、威胁或者非法限制人身自由的手段强迫劳动者劳动的，或者用人单位违章指挥、强令冒险作业危及劳动者人身安全的，劳动者可以立即解除劳动合同，不需事先告知用人单位。

2）用人单位解除劳动合同。关于用人单位解除劳动合同，《劳动合同法》作了如下规定。

第三十九条　劳动者有下列情形之一的，用人单位可以解除劳动合同：

（一）在试用期间被证明不符合录用条件的；

（二）严重违反用人单位的规章制度的；

（三）严重失职，营私舞弊，给用人单位造成重大损害的；

（四）劳动者同时与其他用人单位建立劳动关系，对完成本单位的工作任务造成严重影响，或者经用人单位提出，拒不改正的；

（五）因本法第二十六条第一款第一项规定的情形致使劳动合同无效的；

（六）被依法追究刑事责任的。

第四十条　有下列情形之一的，用人单位提前三十日以书面形式通知劳动者本人或者额外支付劳动者一个月工资后，可以解除劳动合同：

（一）劳动者患病或者非因工负伤，在规定的医疗期满后不能从事原工作，也不能从事由用人单位另行安排的工作的；

（二）劳动者不能胜任工作，经过培训或者调整工作岗位，仍不能胜任工作的；

（三）劳动合同订立时所依据的客观情况发生重大变化，致使劳动合同无法履行，经用人单位与劳动者协商，未能就变更劳动合同内容达成协议的。

3）用人单位不得解除劳动合同的情形。关于用人单位不得解除劳动合同的情形，《劳动合同法》作了如下规定。

第四十二条　劳动者有下列情形之一的，用人单位不得依照本法第四十条、第四十一条的规定解除劳动合同：

（一）从事接触职业病危害作业的劳动者未进行离岗前职业健康检查，或者疑似职业病病人在诊断或者医学观察期间的；

（二）在本单位患职业病或者因工负伤并被确认丧失或者部分丧失劳动能力的；

（三）患病或者非因工负伤，在规定的医疗期内的；

（四）女职工在孕期、产期、哺乳期的；

（五）在本单位连续工作满十五年，且距法定退休年龄不足五年的；

（六）法律、行政法规规定的其他情形。

4）劳动合同的终止。关于劳动合同的终止，《劳动合同法》作了如下规定。

第四十四条　有下列情形之一的，劳动合同终止：

（一）劳动合同期满的；

（二）劳动者开始依法享受基本养老保险待遇的；

（三）劳动者死亡，或者被人民法院宣告死亡或者宣告失踪的；

（四）用人单位被依法宣告破产的；

（五）用人单位被吊销营业执照、责令关闭、撤销或者用人单位决定提前解散的；

（六）法律、行政法规规定的其他情形。

2. 劳务派遣

关于劳务派遣，《劳动合同法》作了诸多规定，包括经营劳务派遣业务的条件、劳务派遣中各主体的权利与义务、劳务派遣的适用情形等。

第五十七条　经营劳务派遣业务应当具备下列条件：

（一）注册资本不得少于人民币二百万元；

（二）有与开展业务相适应的固定的经营场所和设施；

（三）有符合法律、行政法规规定的劳务派遣管理制度；

（四）法律、行政法规规定的其他条件。

经营劳务派遣业务，应当向劳动行政部门依法申请行政许可；经许可的，依法办理相应的公司登记。未经许可，任何单位和个人不得经营劳务派遣业务。

第五十八条　劳务派遣单位是本法所称用人单位，应当履行用人单位对劳动者的义务。劳务派遣单位与被派遣劳动者订立的劳动合同，除应当载明本法第十七条规定的事项外，还应当载明被派遣劳动者的用工单位以及派遣期限、工作岗位等情况。

劳务派遣单位应当与被派遣劳动者订立二年以上的固定期限劳动合同，按月支付劳动报酬；被派遣劳动者在无工作期间，劳务派遣单位应当按照所在地人民政府规定的最低工资标准，向其按月支付报酬。

第五十九条　劳务派遣单位派遣劳动者应当与接受以劳务派遣形式用工的单位（以下称用工单位）订立劳务派遣协议。劳务派遣协议应当约定派遣岗位和人员数量、派遣期限、劳动报酬和社会保险费的数额与支付方式以及违反协议的责任。

用工单位应当根据工作岗位的实际需要与劳务派遣单位确定派遣期限，不得将连续用工期限分割订立数个短期劳务派遣协议。

第六十条　劳务派遣单位应当将劳务派遣协议的内容告知被派遣劳动者。

劳务派遣单位不得克扣用工单位按照劳务派遣协议支付给被派遣劳动者的劳动报酬。

劳务派遣单位和用工单位不得向被派遣劳动者收取费用。

第六十一条　劳务派遣单位跨地区派遣劳动者的，被派遣劳动者享有的劳动报酬和劳动条件，按照用工单位所在地的标准执行。

第六十二条　用工单位应当履行下列义务：

（一）执行国家劳动标准，提供相应的劳动条件和劳动保护；

（二）告知被派遣劳动者的工作要求和劳动报酬；

（三）支付加班费、绩效奖金，提供与工作岗位相关的福利待遇；

（四）对在岗被派遣劳动者进行工作岗位所必需的培训；

（五）连续用工的，实行正常的工资调整机制。

用工单位不得将被派遣劳动者再派遣到其他用人单位。

第六十三条　被派遣劳动者享有与用工单位的劳动者同工同酬的权利。用工单位应当按照同工同酬原则，对被派遣劳动者与本单位同类岗位的劳动者实行相同的劳动报酬分配办法。用工单位无同类岗位劳动者的，参照用工单位所在地相同或者相近岗位劳动者的劳动报酬确定。

劳务派遣单位与被派遣劳动者订立的劳动合同和与用工单位订立的劳务派遣协议，载明或者约定的向被派遣劳动者支付的劳动报酬应当符合前款规定。

第六十四条　被派遣劳动者有权在劳务派遣单位或者用工单位依法参加或者组织

工会，维护自身的合法权益。

第六十五条　被派遣劳动者可以依照本法第三十六条、第三十八条的规定与劳务派遣单位解除劳动合同。

被派遣劳动者有本法第三十九条和第四十条第一项、第二项规定情形的，用工单位可以将劳动者退回劳务派遣单位，劳务派遣单位依照本法有关规定，可以与劳动者解除劳动合同。

第六十六条　劳动合同用工是我国的企业基本用工形式。劳务派遣用工是补充形式，只能在临时性、辅助性或者替代性的工作岗位上实施。

前款规定的临时性工作岗位是指存续时间不超过六个月的岗位；辅助性工作岗位是指为主营业务岗位提供服务的非主营业务岗位；替代性工作岗位是指用工单位的劳动者因脱产学习、休假等原因无法工作的一定期间内，可以由其他劳动者替代工作的岗位。

用工单位应当严格控制劳务派遣用工数量，不得超过其用工总量的一定比例，具体比例由国务院劳动行政部门规定。

第六十七条　用人单位不得设立劳务派遣单位向本单位或者所属单位派遣劳动者。

3. 监督检查

关于监督检查，劳务派遣管理员要特别关注以下内容。

《劳动合同法》第74条规定，县级以上地方人民政府劳动行政部门依法对下列实施劳动合同制度的情况进行监督检查：

（一）用人单位制定直接涉及劳动者切身利益的规章制度及其执行的情况；

（二）用人单位与劳动者订立和解除劳动合同的情况；

（三）劳务派遣单位和用工单位遵守劳务派遣有关规定的情况；

（四）用人单位遵守国家关于劳动者工作时间和休息休假规定的情况；

（五）用人单位支付劳动合同约定的劳动报酬和执行最低工资标准的情况；

（六）用人单位参加各项社会保险和缴纳社会保险费的情况；

（七）法律、法规规定的其他劳动监察事项。

4. 法律责任

关于法律责任，劳务派遣管理员要特别注意以下内容。

《劳动合同法》第92条规定：

违反本法规定，未经许可，擅自经营劳务派遣业务的，由劳动行政部门责令停止违法行为，没收违法所得，并处违法所得一倍以上五倍以下的罚款；没有违法所得的，可以处五万元以下的罚款。

　　劳务派遣单位、用工单位违反本法有关劳务派遣规定的,由劳动行政部门责令限期改正;逾期不改正的,以每人五千元以上一万元以下的标准处以罚款,对劳务派遣单位,吊销其劳务派遣业务经营许可证。用工单位给被派遣劳动者造成损害的,劳务派遣单位与用工单位承担连带赔偿责任。

第四节　《中华人民共和国社会保险法》相关知识

一、法律概述

　　《中华人民共和国社会保险法》(以下简称《社会保险法》)是中国特色社会主义法律体系中起支架作用的重要法律,是一部着力保障和改善民生的法律。

　　《社会保险法》于2010年10月28日第十一届全国人民代表大会常务委员会第十七次会议通过,自2011年7月1日起施行。根据2018年12月29日第十三届全国人民代表大会常务委员会第七次会议《关于修改〈中华人民共和国社会保险法〉的决定》修正。

二、主要内容

　　《社会保险法》确立了我国社会保险制度的基本内容,明确了社会保险制度的覆盖范围,规定了社会保险的筹资渠道、社会保险基金管理制度、社会保险监督制度等内容。《社会保险法》共12章,98条。劳务派遣管理员应掌握《社会保险法》中的以下内容。

1. 社会保险的基本内容

《社会保险法》第2条规定:

　　国家建立基本养老保险、基本医疗保险、工伤保险、失业保险、生育保险等社会保险制度,保障公民在年老、疾病、工伤、失业、生育等情况下依法从国家和社会获得物质帮助的权利。

2. 用人单位和劳动者的权利与义务

《社会保险法》第4条规定：

中华人民共和国境内的用人单位和个人依法缴纳社会保险费，有权查询缴费记录、个人权益记录，要求社会保险经办机构提供社会保险咨询等相关服务。

个人依法享受社会保险待遇，有权监督本单位为其缴费情况。

3. 基本养老保险

《社会保险法》第10条规定：

职工应当参加基本养老保险，由用人单位和职工共同缴纳基本养老保险费。

《社会保险法》第12条规定：

用人单位应当按照国家规定的本单位职工工资总额的比例缴纳基本养老保险费，记入基本养老保险统筹基金。

职工应当按照国家规定的本人工资的比例缴纳基本养老保险费，记入个人账户。

对被派遣劳动者而言，劳务派遣单位是其用人单位，应按规定为其缴纳基本养老保险费。

4. 基本医疗保险

《社会保险法》第23条规定：

职工应当参加职工基本医疗保险，由用人单位和职工按照国家规定共同缴纳基本医疗保险费。

此条规定了用人单位（劳务派遣单位）的义务，即按规定与职工（被派遣劳动者）共同缴纳基本医疗保险费。

5. 工伤保险

《社会保险法》第33条规定：

职工应当参加工伤保险，由用人单位缴纳工伤保险费，职工不缴纳工伤保险费。

此条规定了工伤保险费的缴纳方式，即由用人单位（劳务派遣单位）缴纳，职工（被派遣劳动者）无须缴纳。

6. 失业保险

《社会保险法》第44条规定：

职工应当参加失业保险，由用人单位和职工按照国家规定共同缴纳失业保险费。

此条规定了用人单位（劳务派遣单位）的义务，即按规定与职工（被派遣劳动者）共同缴纳失业保险费。

7. 生育保险

《社会保险法》第53条规定：

职工应当参加生育保险，由用人单位按照国家规定缴纳生育保险费，职工不缴纳生育保险费。

此条规定了用人单位（劳务派遣单位）的义务，即由用人单位缴纳生育保险费，职工（被派遣劳动者）无须缴纳。

8. 缴费时间

关于社会保险的缴费时间，《社会保险法》第58条规定：

用人单位应当自用工之日起三十日内为其职工向社会保险经办机构申请办理社会保险登记。未办理社会保险登记的，由社会保险经办机构核定其应当缴纳的社会保险费。

第五节 《中华人民共和国就业促进法》相关知识

一、法律概述

《中华人民共和国就业促进法》（以下简称《就业促进法》）是为促进就业、促进经济发展与扩大就业相协调、促进社会和谐稳定而制定的法律。

《就业促进法》于2007年8月30日第十届全国人民代表大会常务委员会第二十九次会议通过，自2008年1月1日起施行。根据2015年4月24日第十二届全国人民代表大会常务委员会第十四次会议《关于修改〈中华人民共和国电力法〉等六部法律的决定》修正。

二、主要内容

《就业促进法》明确了政府和有关组织促进就业工作的职责，在促进公平就业、推进公共服务、加强中介管理、设立预警制度、实施就业援助等方面做了诸多规定。

《就业促进法》共9章，69条。关于《就业促进法》，劳务派遣管理员主要应掌握平等就业和自主择业的有关内容。

《就业促进法》第3条规定：

劳动者依法享有平等就业和自主择业的权利。

劳动者就业，不因民族、种族、性别、宗教信仰等不同而受歧视。

《就业促进法》还对公平就业作了如下规定。

第二十五条　各级人民政府创造公平就业的环境，消除就业歧视，制定政策并采取措施对就业困难人员给予扶持和援助。

第二十六条　用人单位招用人员、职业中介机构从事职业中介活动，应当向劳动者提供平等的就业机会和公平的就业条件，不得实施就业歧视。

第二十七条　国家保障妇女享有与男子平等的劳动权利。

用人单位招用人员，除国家规定的不适合妇女的工种或者岗位外，不得以性别为由拒绝录用妇女或者提高对妇女的录用标准。

用人单位录用女职工，不得在劳动合同中规定限制女职工结婚、生育的内容。

第二十八条　各民族劳动者享有平等的劳动权利。

用人单位招用人员，应当依法对少数民族劳动者给予适当照顾。

第二十九条　国家保障残疾人的劳动权利。

各级人民政府应当对残疾人就业统筹规划，为残疾人创造就业条件。

用人单位招用人员，不得歧视残疾人。

第三十条　用人单位招用人员，不得以是传染病病原携带者为由拒绝录用。但是，经医学鉴定传染病病原携带者在治愈前或者排除传染嫌疑前，不得从事法律、行政法规和国务院卫生行政部门规定禁止从事的易使传染病扩散的工作。

第三十一条　农村劳动者进城就业享有与城镇劳动者平等的劳动权利，不得对农村劳动者进城就业设置歧视性限制。

这要求劳务派遣管理员在开展工作时要保护劳动者公平就业的权利，消除一切歧视，创造公平公正的就业环境。

第六节　《中华人民共和国劳动争议调解仲裁法》相关知识

一、法律概述

为了公正及时解决劳动争议，保护当事人合法权益，促进劳动关系和谐稳定，第十届全国人民代表大会常务委员会第三十一次会议于2007年12月29日通过《中华人民共和国劳动争议调解仲裁法》(以下简称《劳动争议调解仲裁法》),自2008年5月1日起施行。

二、主要内容

《劳动争议调解仲裁法》共4章,54条。劳务派遣单位是被派遣劳动者的用人单位,二者建立的关系是劳动关系,双方之间若发生劳动争议,适用《劳动争议调解仲裁法》。劳务派遣管理员应掌握《劳动争议调解仲裁法》的以下内容。

1. 劳动争议情形

关于劳动争议情形,《劳动争议调解仲裁法》作了如下规定。

中华人民共和国境内的用人单位与劳动者发生的下列劳动争议,适用本法:

(一)因确认劳动关系发生的争议;

(二)因订立、履行、变更、解除和终止劳动合同发生的争议;

(三)因除名、辞退和辞职、离职发生的争议;

(四)因工作时间、休息休假、社会保险、福利、培训以及劳动保护发生的争议;

(五)因劳动报酬、工伤医疗费、经济补偿或者赔偿金等发生的争议;

(六)法律、法规规定的其他劳动争议。

2. 劳动争议的解决原则

《劳动争议调解仲裁法》第3条规定:

解决劳动争议,应当根据事实,遵循合法、公正、及时、着重调解的原则,依法保护当事人的合法权益。

3. 劳动争议的解决途径

关于劳动争议的解决途径,《劳动争议调解仲裁法》作了如下规定。

第四条 发生劳动争议,劳动者可以与用人单位协商,也可以请工会或者第三方共同与用人单位协商,达成和解协议。

第五条 发生劳动争议,当事人不愿协商、协商不成或者达成和解协议后不履行的,可以向调解组织申请调解;不愿调解、调解不成或者达成调解协议后不履行的,可以向劳动争议仲裁委员会申请仲裁;对仲裁裁决不服的,除本法另有规定的外,可以向人民法院提起诉讼。

第六条 发生劳动争议,当事人对自己提出的主张,有责任提供证据。与争议事项有关的证据属于用人单位掌握管理的,用人单位应当提供;用人单位不提供的,应当承担不利后果。

第七条　发生劳动争议的劳动者一方在十人以上，并有共同请求的，可以推举代表参加调解、仲裁或者诉讼活动。

4. 调解

关于调解，劳务派遣管理员需要掌握以下主要内容。

第十条　发生劳动争议，当事人可以到下列调解组织申请调解：

（一）企业劳动争议调解委员会；

（二）依法设立的基层人民调解组织；

（三）在乡镇、街道设立的具有劳动争议调解职能的组织。

企业劳动争议调解委员会由职工代表和企业代表组成。职工代表由工会成员担任或者由全体职工推举产生，企业代表由企业负责人指定。企业劳动争议调解委员会主任由工会成员或者双方推举的人员担任。

第十一条　劳动争议调解组织的调解员应当由公道正派、联系群众、热心调解工作，并具有一定法律知识、政策水平和文化水平的成年公民担任。

第十二条　当事人申请劳动争议调解可以书面申请，也可以口头申请。口头申请的，调解组织应当当场记录申请人基本情况、申请调解的争议事项、理由和时间。

第十三条　调解劳动争议，应当充分听取双方当事人对事实和理由的陈述，耐心疏导，帮助其达成协议。

第十四条　经调解达成协议的，应当制作调解协议书。

调解协议书由双方当事人签名或者盖章，经调解员签名并加盖调解组织印章后生效，对双方当事人具有约束力，当事人应当履行。

自劳动争议调解组织收到调解申请之日起十五日内未达成调解协议的，当事人可以依法申请仲裁。

第十五条　达成调解协议后，一方当事人在协议约定期限内不履行调解协议的，另一方当事人可以依法申请仲裁。

第十六条　因支付拖欠劳动报酬、工伤医疗费、经济补偿或者赔偿金事项达成调解协议，用人单位在协议约定期限内不履行的，劳动者可以持调解协议书依法向人民法院申请支付令。人民法院应当依法发出支付令。

关于调解的以上规定明确了劳动争议的调解组织、劳动争议调解组织的构成、调解的类型、调解协议书等内容。

5. 仲裁

关于仲裁，劳务派遣管理员主要需要掌握以下内容。

（1）申请仲裁的时效。《劳动争议调解仲裁法》第27条规定：

劳动争议申请仲裁的时效期间为一年。仲裁时效期间从当事人知道或者应当知道其权利被侵害之日起计算。

前款规定的仲裁时效，因当事人一方向对方当事人主张权利，或者向有关部门请求权利救济，或者对方当事人同意履行义务而中断。从中断时起，仲裁时效期间重新计算。

因不可抗力或者有其他正当理由，当事人不能在本条第一款规定的仲裁时效期间申请仲裁的，仲裁时效中止。从中止时效的原因消除之日起，仲裁时效期间继续计算。

劳动关系存续期间因拖欠劳动报酬发生争议的，劳动者申请仲裁不受本条第一款规定的仲裁时效期间的限制；但是，劳动关系终止的，应当自劳动关系终止之日起一年内提出。

（2）仲裁申请书的内容。《劳动争议调解仲裁法》作了如下规定。

申请人申请仲裁应当提交书面仲裁申请，并按照被申请人人数提交副本。

仲裁申请书应当载明下列事项：

（一）劳动者的姓名、性别、年龄、职业、工作单位和住所，用人单位的名称、住所和法定代表人或者主要负责人的姓名、职务；

（二）仲裁请求和所根据的事实、理由；

（三）证据和证据来源、证人姓名和住所。

书写仲裁申请确有困难的，可以口头申请，由劳动争议仲裁委员会记入笔录，并告知对方当事人。

第七节 《劳务派遣暂行规定》相关知识

一、规定概述

2013年12月20日，人力资源社会保障部第21次部务会审议通过了《劳务派遣暂行规定》（以下简称《暂行规定》），自2014年3月1日起施行。

《暂行规定》的颁布和实施，是贯彻落实劳动合同法的一项重要举措，增强了法律规定的可操作性，进一步规范了劳务派遣，维护了被派遣劳动者合法权益，促进了劳动关系和谐稳定。

二、主要内容

《暂行规定》共7章，29条。《暂行规定》是专门针对劳务派遣相关业务制定的，劳务派遣管理员应熟练掌握其所有内容。《暂行规定》全文如下。

第一章　总则

第一条　为规范劳务派遣，维护劳动者的合法权益，促进劳动关系和谐稳定，依据《中华人民共和国劳动合同法》（以下简称劳动合同法）和《中华人民共和国劳动合同法实施条例》（以下简称劳动合同法实施条例）等法律、行政法规，制定本规定。

第二条　劳务派遣单位经营劳务派遣业务，企业（以下称用工单位）使用被派遣劳动者，适用本规定。

依法成立的会计师事务所、律师事务所等合伙组织和基金会以及民办非企业单位等组织使用被派遣劳动者，依照本规定执行。

第二章　用工范围和用工比例

第三条　用工单位只能在临时性、辅助性或者替代性的工作岗位上使用被派遣劳动者。

前款规定的临时性工作岗位是指存续时间不超过6个月的岗位；辅助性工作岗位是指为主营业务岗位提供服务的非主营业务岗位；替代性工作岗位是指用工单位的劳动者因脱产学习、休假等原因无法工作的一定期间内，可以由其他劳动者替代工作的岗位。

用工单位决定使用被派遣劳动者的辅助性岗位，应当经职工代表大会或者全体职工讨论，提出方案和意见，与工会或者职工代表平等协商确定，并在用工单位内公示。

第四条　用工单位应当严格控制劳务派遣用工数量，使用的被派遣劳动者数量不得超过其用工总量的10%。

前款所称用工总量是指用工单位订立劳动合同人数与使用的被派遣劳动者人数之和。

计算劳务派遣用工比例的用工单位是指依照劳动合同法和劳动合同法实施条例可以与劳动者订立劳动合同的用人单位。

第三章　劳动合同、劳务派遣协议的订立和履行

第五条　劳务派遣单位应当依法与被派遣劳动者订立2年以上的固定期限书面劳动合同。

第六条　劳务派遣单位可以依法与被派遣劳动者约定试用期。劳务派遣单位与同一被派遣劳动者只能约定一次试用期。

第七条　劳务派遣协议应当载明下列内容：

（一）派遣的工作岗位名称和岗位性质；

（二）工作地点；

（三）派遣人员数量和派遣期限；

（四）按照同工同酬原则确定的劳动报酬数额和支付方式；

（五）社会保险费的数额和支付方式；

（六）工作时间和休息休假事项；

（七）被派遣劳动者工伤、生育或者患病期间的相关待遇；

（八）劳动安全卫生以及培训事项；

（九）经济补偿等费用；

（十）劳务派遣协议期限；

（十一）劳务派遣服务费的支付方式和标准；

（十二）违反劳务派遣协议的责任；

（十三）法律、法规、规章规定应当纳入劳务派遣协议的其他事项。

第八条　劳务派遣单位应当对被派遣劳动者履行下列义务：

（一）如实告知被派遣劳动者劳动合同法第八条规定的事项、应遵守的规章制度以及劳务派遣协议的内容；

（二）建立培训制度，对被派遣劳动者进行上岗知识、安全教育培训；

（三）按照国家规定和劳务派遣协议约定，依法支付被派遣劳动者的劳动报酬和相关待遇；

（四）按照国家规定和劳务派遣协议约定，依法为被派遣劳动者缴纳社会保险费，并办理社会保险相关手续；

（五）督促用工单位依法为被派遣劳动者提供劳动保护和劳动安全卫生条件；

（六）依法出具解除或者终止劳动合同的证明；

（七）协助处理被派遣劳动者与用工单位的纠纷；

（八）法律、法规和规章规定的其他事项。

第九条　用工单位应当按照劳动合同法第六十二条规定，向被派遣劳动者提供与工作岗位相关的福利待遇，不得歧视被派遣劳动者。

第十条　被派遣劳动者在用工单位因工作遭受事故伤害的，劳务派遣单位应当依法申请工伤认定，用工单位应当协助工伤认定的调查核实工作。劳务派遣单位承担工伤保险责任，但可以与用工单位约定补偿办法。

被派遣劳动者在申请进行职业病诊断、鉴定时，用工单位应当负责处理职业病诊断、鉴定事宜，并如实提供职业病诊断、鉴定所需的劳动者职业史和职业危害接触史、工作场所职业病危害因素检测结果等资料，劳务派遣单位应当提供被派遣劳动者职业病诊断、鉴定所需的其他材料。

第十一条　劳务派遣单位行政许可有效期未延续或者《劳务派遣经营许可证》被撤销、吊销的，已经与被派遣劳动者依法订立的劳动合同应当履行至期限届满。双方经协商一致，可以解除劳动合同。

第十二条　有下列情形之一的，用工单位可以将被派遣劳动者退回劳务派遣单位：

（一）用工单位有劳动合同法第四十条第三项、第四十一条规定情形的；

（二）用工单位被依法宣告破产、吊销营业执照、责令关闭、撤销、决定提前解散或者经营期限届满不再继续经营的；

（三）劳务派遣协议期满终止的。

被派遣劳动者退回后在无工作期间，劳务派遣单位应当按照不低于所在地人民政府规定的最低工资标准，向其按月支付报酬。

第十三条　被派遣劳动者有劳动合同法第四十二条规定情形的，在派遣期限届满前，用工单位不得依据本规定第十二条第一款第一项规定将被派遣劳动者退回劳务派遣单位；派遣期限届满的，应当延续至相应情形消失时方可退回。

第四章　劳动合同的解除和终止

第十四条　被派遣劳动者提前30日以书面形式通知劳务派遣单位，可以解除劳动合同。被派遣劳动者在试用期内提前3日通知劳务派遣单位，可以解除劳动合同。劳务派遣单位应当将被派遣劳动者通知解除劳动合同的情况及时告知用工单位。

第十五条　被派遣劳动者因本规定第十二条规定被用工单位退回，劳务派遣单位重新派遣时维持或者提高劳动合同约定条件，被派遣劳动者不同意的，劳务派遣单位可以解除劳动合同。

被派遣劳动者因本规定第十二条规定被用工单位退回，劳务派遣单位重新派遣时降低劳动合同约定条件，被派遣劳动者不同意的，劳务派遣单位不得解除劳动合同。但被派遣劳动者提出解除劳动合同的除外。

第十六条　劳务派遣单位被依法宣告破产、吊销营业执照、责令关闭、撤销、决定提前解散或者经营期限届满不再继续经营的，劳动合同终止。用工单位应当与劳务派遣单位协商妥善安置被派遣劳动者。

第十七条　劳务派遣单位因劳动合同法第四十六条或者本规定第十五条、第十六条规定的情形，与被派遣劳动者解除或者终止劳动合同的，应当依法向被派遣劳动者支付经济补偿。

第五章　跨地区劳务派遣的社会保险

第十八条　劳务派遣单位跨地区派遣劳动者的，应当在用工单位所在地为被派遣劳动者参加社会保险，按照用工单位所在地的规定缴纳社会保险费，被派遣劳动者按照国家规定享受社会保险待遇。

第十九条　劳务派遣单位在用工单位所在地设立分支机构的，由分支机构为被派遣劳动者办理参保手续，缴纳社会保险费。

劳务派遣单位未在用工单位所在地设立分支机构的，由用工单位代劳务派遣单位为被派遣劳动者办理参保手续，缴纳社会保险费。

第六章　法律责任

第二十条　劳务派遣单位、用工单位违反劳动合同法和劳动合同法实施条例有关劳务派遣规定的，按照劳动合同法第九十二条规定执行。

第二十一条　劳务派遣单位违反本规定解除或者终止被派遣劳动者劳动合同的，按照劳动合同法第四十八条、第八十七条规定执行。

第二十二条　用工单位违反本规定第三条第三款规定的，由人力资源社会保障行政部门责令改正，给予警告；给被派遣劳动者造成损害的，依法承担赔偿责任。

第二十三条　劳务派遣单位违反本规定第六条规定的，按照劳动合同法第八十三条规定执行。

第二十四条　用工单位违反本规定退回被派遣劳动者的，按照劳动合同法第九十二条第二款规定执行。

第七章　附则

第二十五条　外国企业常驻代表机构和外国金融机构驻华代表机构等使用被派遣劳动者的，以及船员用人单位以劳务派遣形式使用国际远洋海员的，不受临时性、辅助性、替代性岗位和劳务派遣用工比例的限制。

第二十六条　用人单位将本单位劳动者派往境外工作或者派往家庭、自然人处提供劳动的，不属于本规定所称劳务派遣。

第二十七条　用人单位以承揽、外包等名义，按劳务派遣用工形式使用劳动者的，按照本规定处理。

第二十八条　用工单位在本规定施行前使用被派遣劳动者数量超过其用工总量10%的，应当制定调整用工方案，于本规定施行之日起2年内降至规定比例。但是，《全国人民代表大会常务委员会关于修改〈中华人民共和国劳动合同法〉的决定》公布前已依法订立的劳动合同和劳务派遣协议期限届满日期在本规定施行之日起2年后的，可以依法继续履行至期限届满。

用工单位应当将制定的调整用工方案报当地人力资源社会保障行政部门备案。

劳务派遣管理员（基础知识）

用工单位未将本规定施行前使用的被派遣劳动者数量降至符合规定比例之前，不得新用被派遣劳动者。

第二十九条　本规定自 2014 年 3 月 1 日起施行。

第八节　《人力资源市场暂行条例》相关知识

一、条例概述

为建设统一开放、竞争有序的人力资源市场，更好地服务就业创业和促进高质量发展，2018 年 5 月 2 日国务院第 7 次常务会议通过了《人力资源市场暂行条例》（以下简称《暂行条例》），自 2018 年 10 月 1 日起施行。

二、主要内容

《暂行条例》旨在规范人力资源市场活动，促进人力资源自由有序流动，其细化了就业促进等规定，明确了市场监管措施。《暂行条例》共 7 章，48 条。劳务派遣管理员应掌握《暂行条例》的以下内容。

1. 人力资源市场使用原则

《暂行条例》第 3 条规定：

通过人力资源市场求职、招聘和开展人力资源服务，应当遵循合法、公平、诚实信用的原则。

2. 人力资源服务机构

关于人力资源服务机构，对劳务派遣管理员而言，需要注意以下内容。

《暂行条例》第 14 条规定：

本条例所称人力资源服务机构，包括公共人力资源服务机构和经营性人力资源服务机构。

公共人力资源服务机构，是指县级以上人民政府设立的公共就业和人才服务机构。

经营性人力资源服务机构，是指依法设立的从事人力资源服务经营活动的机构。

由此可知，劳务派遣管理员所属的劳务派遣单位应属于经营性人力资源服务机构。

3. 人力资源市场活动规范

（1）受委托招聘。关于人力资源服务机构受委托招聘，《暂行条例》作了如下规定。

第二十六条　人力资源服务机构接受用人单位委托招聘人员，应当要求用人单位提供招聘简章、营业执照或者有关部门批准设立的文件、经办人的身份证件、用人单位的委托证明，并对所提供材料的真实性、合法性进行审查。

第二十七条　人力资源服务机构接受用人单位委托招聘人员或者开展其他人力资源服务，不得采取欺诈、暴力、胁迫或者其他不正当手段，不得以招聘为名牟取不正当利益，不得介绍单位或者个人从事违法活动。

第二十八条　人力资源服务机构举办现场招聘会，应当制定组织实施办法、应急预案和安全保卫工作方案，核实参加招聘会的招聘单位及其招聘简章的真实性、合法性，提前将招聘会信息向社会公布，并对招聘中的各项活动进行管理。

举办大型现场招聘会，应当符合《大型群众性活动安全管理条例》等法律法规的规定。

在某些派遣类型中，被派遣劳动者的招聘是由劳务派遣单位负责的，具体事宜是劳务派遣管理员负责的，因此，劳务派遣管理员需要掌握以上关于人力资源服务机构受委托招聘的内容。

（2）信息发布与收集。人力资源服务机构发布的信息必须真实，收集的信息必须合法使用。《暂行条例》作了如下规定。

第二十九条　人力资源服务机构发布人力资源供求信息，应当建立健全信息发布审查和投诉处理机制，确保发布的信息真实、合法、有效。

人力资源服务机构在业务活动中收集用人单位和个人信息的，不得泄露或者违法使用所知悉的商业秘密和个人信息。

第九节　《女职工劳动保护特别规定》相关知识

一、规定概述

《女职工劳动保护特别规定》是为减少和解决女职工在劳动中因生理特点造成的特

殊困难，保护女职工健康而制定的。该规定经2012年4月18日国务院第200次常务会议通过，2012年4月28日起施行。

二、主要内容

《女职工劳动保护特别规定》有正文16条，另有附录4条。《女职工劳动保护特别规定》的内容与劳务派遣服务工作有密切关联，劳务派遣管理员应了解其全部内容。《女职工劳动保护特别规定》全文如下。

第一条　为了减少和解决女职工在劳动中因生理特点造成的特殊困难，保护女职工健康，制定本规定。

第二条　中华人民共和国境内的国家机关、企业、事业单位、社会团体、个体经济组织以及其他社会组织等用人单位及其女职工，适用本规定。

第三条　用人单位应当加强女职工劳动保护，采取措施改善女职工劳动安全卫生条件，对女职工进行劳动安全卫生知识培训。

第四条　用人单位应当遵守女职工禁忌从事的劳动范围的规定。用人单位应当将本单位属于女职工禁忌从事的劳动范围的岗位书面告知女职工。

女职工禁忌从事的劳动范围由本规定附录列示。国务院安全生产监督管理部门会同国务院人力资源社会保障行政部门、国务院卫生行政部门根据经济社会发展情况，对女职工禁忌从事的劳动范围进行调整。

第五条　用人单位不得因女职工怀孕、生育、哺乳降低其工资、予以辞退、与其解除劳动或者聘用合同。

第六条　女职工在孕期不能适应原劳动的，用人单位应根据医疗机构的证明，予以减轻劳动量或者安排其他能够适应的劳动。

对怀孕7个月以上的女职工，用人单位不得延长劳动时间或者安排夜班劳动，并应当在劳动时间内安排一定的休息时间。

怀孕女职工在劳动时间内进行产前检查，所需时间计入劳动时间。

第七条　女职工生育享受98天产假，其中产前可以休假15天；难产的，增加产假15天；生育多胞胎的，每多生育1个婴儿，增加产假15天。

女职工怀孕未满4个月流产的，享受15天产假；怀孕满4个月流产的，享受42天产假。

第八条　女职工产假期间的生育津贴，对已经参加生育保险的，按照用人单位上年度职工月平均工资的标准由生育保险基金支付；对未参加生育保险的，按照女职工产假前工资的标准由用人单位支付。

女职工生育或者流产的医疗费用,按照生育保险规定的项目和标准,对已经参加生育保险的,由生育保险基金支付;对未参加生育保险的,由用人单位支付。

第九条　对哺乳未满1周岁婴儿的女职工,用人单位不得延长劳动时间或者安排夜班劳动。

用人单位应当在每天的劳动时间内为哺乳期女职工安排1小时哺乳时间;女职工生育多胞胎的,每多哺乳1个婴儿每天增加1小时哺乳时间。

第十条　女职工比较多的用人单位应当根据女职工的需要,建立女职工卫生室、孕妇休息室、哺乳室等设施,妥善解决女职工在生理卫生、哺乳方面的困难。

第十一条　在劳动场所,用人单位应当预防和制止对女职工的性骚扰。

第十二条　县级以上人民政府人力资源社会保障行政部门、安全生产监督管理部门按照各自职责负责对用人单位遵守本规定的情况进行监督检查。

工会、妇女组织依法对用人单位遵守本规定的情况进行监督。

第十三条　用人单位违反本规定第六条第二款、第七条、第九条第一款规定的,由县级以上人民政府人力资源社会保障行政部门责令限期改正,按照受侵害女职工每人1 000元以上5 000元以下的标准计算,处以罚款。

用人单位违反本规定附录第一条、第二条规定的,由县级以上人民政府安全生产监督管理部门责令限期改正,按照受侵害女职工每人1 000元以上5 000元以下的标准计算,处以罚款。用人单位违反本规定附录第三条、第四条规定的,由县级以上人民政府安全生产监督管理部门责令限期治理,处5万元以上30万元以下的罚款;情节严重的,责令停止有关作业,或者提请有关人民政府按照国务院规定的权限责令关闭。

第十四条　用人单位违反本规定,侵害女职工合法权益的,女职工可以依法投诉、举报、申诉,依法向劳动人事争议调解仲裁机构申请调解仲裁,对仲裁裁决不服的,依法向人民法院提起诉讼。

第十五条　用人单位违反本规定,侵害女职工合法权益,造成女职工损害的,依法给予赔偿;用人单位及其直接负责的主管人员和其他直接责任人员构成犯罪的,依法追究刑事责任。

第十六条　本规定自公布之日起施行。1988年7月21日国务院发布的《女职工劳动保护规定》同时废止。

附录：
女职工禁忌从事的劳动范围

一、女职工禁忌从事的劳动范围：

（一）矿山井下作业；

（二）体力劳动强度分级标准中规定的第四级体力劳动强度的作业；

（三）每小时负重6次以上、每次负重超过20公斤的作业，或者间断负重、每次负重超过25公斤的作业。

二、女职工在经期禁忌从事的劳动范围：

（一）冷水作业分级标准中规定的第二级、第三级、第四级冷水作业；

（二）低温作业分级标准中规定的第二级、第三级、第四级低温作业；

（三）体力劳动强度分级标准中规定的第三级、第四级体力劳动强度的作业；

（四）高处作业分级标准中规定的第三级、第四级高处作业。

三、女职工在孕期禁忌从事的劳动范围：

（一）作业场所空气中铅及其化合物、汞及其化合物、苯、镉、铍、砷、氰化物、氮氧化物、一氧化碳、二硫化碳、氯、己内酰胺、氯丁二烯、氯乙烯、环氧乙烷、苯胺、甲醛等有毒物质浓度超过国家职业卫生标准的作业；

（二）从事抗癌药物、己烯雌酚生产，接触麻醉剂气体等的作业；

（三）非密封源放射性物质的操作，核事故与放射事故的应急处置；

（四）高处作业分级标准中规定的高处作业；

（五）冷水作业分级标准中规定的冷水作业；

（六）低温作业分级标准中规定的低温作业；

（七）高温作业分级标准中规定的第三级、第四级的作业；

（八）噪声作业分级标准中规定的第三级、第四级的作业；

（九）体力劳动强度分级标准中规定的第三级、第四级体力劳动强度的作业；

（十）在密闭空间、高压室作业或者潜水作业，伴有强烈振动的作业，或者需要频繁弯腰、攀高、下蹲的作业。

四、女职工在哺乳期禁忌从事的劳动范围：

（一）孕期禁忌从事的劳动范围的第一项、第三项、第九项；

（二）作业场所空气中锰、氟、溴、甲醇、有机磷化合物、有机氯化合物等有毒物质浓度超过国家职业卫生标准的作业。